让法律被信仰

ANNUAL REPORT ON
INTERNATIONAL COMMERCIAL
ARBITRATION IN

CHINA

中国国际商事仲裁年度报告

（2018~2019）

中国国际经济贸易仲裁委员会 主编

China International Economic and Trade Arbitration Commission

法律出版社

LAW PRESS·CHINA

《中国国际商事仲裁年度报告》(2018～2019)
编辑委员会

前 言

党的十八届四中全会提出“完善仲裁制度，提高仲裁公信力”的改革任务，党的十九大提出要加强预防和化解社会矛盾机制建设，开启了中国特色社会主义仲裁事业发展的新征程。中共中央办公厅、国务院办公厅印发的《关于完善仲裁制度提高仲裁公信力的若干意见》为我国仲裁事业发展指明了方向，要求服务国家全面开放和发展，提升仲裁委员会的国际竞争力。

作为中国最具代表性的国际性常设仲裁机构，中国国际经济贸易仲裁委员会（以下简称贸仲委）长期致力于促进国际商事仲裁的发展，具有独特优势和丰富经验。近年来，贸仲委保持着蓬勃发展的趋势，无论是受理案件总数、案涉标的总额还是在涉及当事人国别的广泛性等方面，均已跻身国际仲裁机构的前列。随着“一带一路”建设的全面推进，中国最高人民法院国际商事法庭的顺利运行发展，中国国际商事仲裁界与各国仲裁界的进一步交流合作，以贸仲委为代表的中国国际商事仲裁机构的国际化程度获得进一步提升，国际影响力不断扩大。

2015 年 9 月 22 日贸仲委在北京首次发布《中国国际商事仲裁年度报

告(2014)》,这是国内第一次针对中国国际商事仲裁(通常意义上的中国涉外仲裁)的发展所作的年度总结。2014 年、2015 年、2016 年、2017 年年度的中英文版《中国国际商事仲裁年度报告》发布后,受到了国内外仲裁理论界和实务界的广泛关注。为进一步总结中国国际商事仲裁法治建设情况,推动我国国际商事仲裁制度完善、行业发展和信息交流,扩大我国在国际商事仲裁舞台上的话语权和影响力,并为我国进一步发展国际商事仲裁事业提供参考,贸仲委决定继续编写并发布《中国国际商事仲裁年度报告(2018～2019)》。

《中国国际商事仲裁年度报告(2018～2019)》采用实证分析与理论研究相结合的研究方法,力求展现中国国际商事仲裁的发展亮点。具体言之,在分析 2018 年中国国际商事仲裁案件数据和 2018 年至 2019 年 6 月中国仲裁法制实践发展的基础上,跟踪中国国际商事仲裁理论研究进展,探讨中国国际商事仲裁司法审查情况,分析《新加坡调解公约》对我国立法及仲裁工作的影响,以中国涉“一带一路”沿线国家或地区仲裁案件实践和中国金融仲裁实践作为 2018～2019 年年度中国国际商事仲裁发展的特别观察。

《中国国际商事仲裁年度报告(2018～2019)》除前言和结语外,共分为五章。第一章“中国国际商事仲裁发展概况”,对 2018 年年度中国国际商事仲裁案件数据和 2018 年至 2019 年 6 月的仲裁实践概况进行梳理分析,概述中国国际商事仲裁政策和法制的发展情况,以及中国国际商事仲裁理论研究的动态进展。第二章“中国涉‘一带一路’国家或地区仲裁实践观察”,通过大数据分析以及对典型案例的剖析,首次总结了涉“一带一路”沿线国家或地区商事争议案件的特点和特色,以及当事人处理涉外商事争议案件的经验与启示,在此基础上提出风险防范的建议。第三章“中国金融仲裁实践观察”,以近几年业务发展最迅猛、市场交易规模巨大、涉及法律问题相对复杂多样以及违约纠纷频发的资产管理业务为视角,就金融纠纷案件处理的最新发展、问题和挑战进行论述和分析。第四章“《新加坡调解公约》对我国立法及仲裁工作的影响”,在介绍《新加坡调解公约》的背景和基本内容的基础上,着重分析了该公约项下的调解与仲裁程序中调解的关系,以及加入该公约对中国现行立法的影响,并提出了中国加入公约后现有“调解中心”开展调解工作需要注意的问题。第五章“中国国际商事仲裁司法审查”,主要探讨涉外涉我国港澳台地区仲裁协议效力的确认、涉外涉我国港澳台地区仲裁裁决的撤销和不予执行、外国仲裁裁决的承认和执行及我国港澳台地区仲裁裁决的认可和执行等方面的司法审查情况。

2018~2019年年度报告课题组负责人为中国人民大学法学院党委常务副书记兼副院长、博士研究生导师杜焕芳教授和贸仲委仲裁研究所李兵主任,课题组主要成员为最高人民法院知识产权法庭审判长、国际商事法庭沈红雨法官,安杰律师事务所合伙人董箫律师,君泽君律师事务所合伙人陶修明律师,中伦律师事务所合伙人孙巍律师。具体任务分工如下:前言和结语由杜焕芳负责撰写,第一章由杜焕芳、沈红雨、郭诗雅、廖小瑜负责撰写,第二章由董箫负责撰写,第三章由陶修明负责撰写,第四章由孙巍负责撰写,第五章由沈红雨负责撰写。年度报告初稿完成后,李兵和杜焕芳对报告全文进行了统稿,贸仲委副主任兼秘书长王承杰,党委书记兼副秘书长李虎,贸仲委仲裁院副院长赵健、谷岩等对报告进行了审稿。

《中国国际商事仲裁年度报告(2018～2019)》的编写,得到最高人民法院民事审判第四庭、司法部公共法律服务局、安杰律师事务所、君泽君律师事务所、中伦律师事务所、中国人民大学法学院等单位在资料提供、初稿撰写、中期评审等方面给予的便利条件和大力协助。贸仲委仲裁研究所粟撤、梁意等为本报告的分工协调、数据收集、文字核校、排版印刷等工作付出了大量努力。在此一并表示由衷感谢!

《中国国际商事仲裁年度报告(2018～2019)》课题组

2019年7月

目　录

第一章　中国国际商事仲裁发展概况 …… 1

一、中国国际商事仲裁案件数据分析 …… 2

二、中国国际商事仲裁政策法制实践 …… 18

三、中国国际商事仲裁理论研究动态 …… 27

第二章　中国涉"一带一路"国家或地区仲裁实践观察 …… 45

一、涉"一带一路"国家或地区仲裁裁决概况 …… 46

二、涉"一带一路"国家或地区典型仲裁案例 …… 52

三、对中国当事人涉"一带一路"争议处理的启示和建议 …… 67

四、建立涉"一带一路"纠纷解决机制的展望 …… 73

第三章　中国金融仲裁实践观察

——以资产管理业务为视角 …… 78

一、金融纠纷法律观察——以资产管理业务为例 …… 80

二、对资产管理业务纠纷案件如何实现良好的仲裁裁判 …………………… 88
三、仲裁在金融业务纠纷处理中的独特价值 ………………………………… 106

第四章 《新加坡调解公约》对我国立法及仲裁工作的影响 ………… 109
一、《新加坡调解公约》的出台背景……………………………………………… 109
二、《新加坡调解公约》的基本内容……………………………………………… 110
三、《新加坡调解公约》项下的调解与仲裁程序中调解的关系 …………… 115
四、加入《新加坡调解公约》对中国现行立法的影响………………………… 118
五、对目前国内仲裁机构设立的"调解中心""调解规则"的述评 ………… 124
六、中国加入《新加坡调解公约》后"调解中心"开展调解工作需要注意的问题 ……………………………………………………………………………… 127

第五章 中国国际商事仲裁司法审查 ……………………………………… 129
一、涉外、涉我国港澳台地区仲裁条款的效力认定 ………………………… 129
二、外国仲裁裁决的承认和执行………………………………………………… 150
三、对我国港澳台地区仲裁裁决的认可和执行 ……………………………… 163
四、涉外、涉我国港澳台地区仲裁裁决的撤销和不予执行审查 …………… 166

结 语 ………………………………………………………………………… 180

第一章 中国国际商事仲裁发展概况

2018 年全国仲裁机构受案量继续保持高速增长，涉外仲裁案件的数量也稳步上升。2018 年是“一带一路”倡议践行五周年，中共中央办公厅、国务院办公厅印发了中央全面深化改革领导小组审议通过的《关于建立“一带一路”国际商事争端解决机制和机构的意见》，部署了设立国际商事法庭、组建国际商事专家委员会、建设“一站式”国际商事纠纷解决平台三大任务，这对保障“一带一路”建设顺利实施意义重大，也给中国商事仲裁国际化创造了前所未有的发展机遇。在国际商事仲裁研究动态方面，主题更加集中、研究越发深入，“一带一路”争端解决机制、仲裁法修改与仲裁程序改革、国际投资仲裁的“去商事化”、国际商事仲裁改革中的“加速”仲裁程序、紧急仲裁制度、国际商事仲裁中的透明度等问题，是国内外仲裁研究者关注的热点。

一、中国国际商事仲裁案件数据分析

(一)全国仲裁委员会受理案件情况[①]

1. 受案量及标的额

2018年,全国255家仲裁委员会共受理案件544,536件,比2017年增加305,176件,增长率为127%;案件标的总额人民币6950亿元,比2017年增加1612亿元,增长率为30%。有22家仲裁委员会运用网上仲裁方式,共处理案件357,008件,占全国案件总数的66%。

2018年,全国仲裁机构中,中国国际商会设立的仲裁委员会(共2家),受理案件3027件,约占全国案件总数的0.56%;标的额人民币1018亿元,约占全国案件标的总额的14.6%。其中,中国国际经济贸易仲裁委员会(以下简称贸仲委)受理仲裁案件2962件,涉案标的额人民币1015.9亿元(见图1-1、图1-2、图1-3、图1-4)。

直辖市设立的仲裁委员会(共5家)受理案件15,727件,约占全国案件总数的2.9%;标的额人民币1397亿元,约占全国案件标的总额的20.1%。

省、自治区人民政府所在地的市设立的仲裁委员会(共27家)受理案件273,072件,约占全国案件总数的50.1%;标的额人民币1833亿元,约占全国案件标的总额的26.4%。

---

① 资料来源:司法部公共法律服务管理局《二〇一八年全国仲裁处理案件情况》。

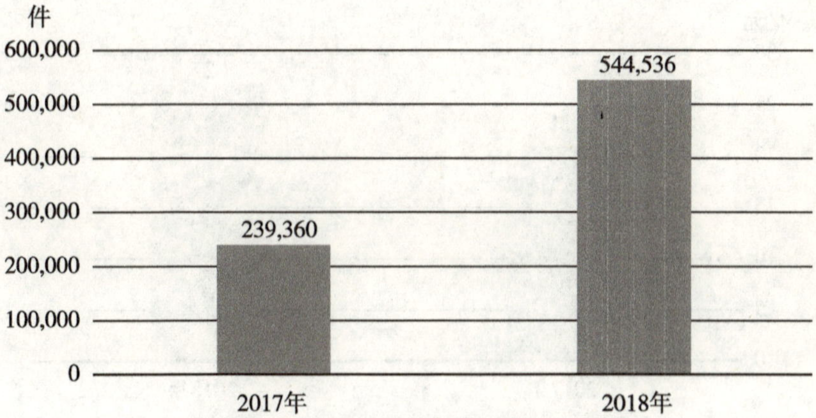

图 1 - 1　全国仲裁委员会受案总量

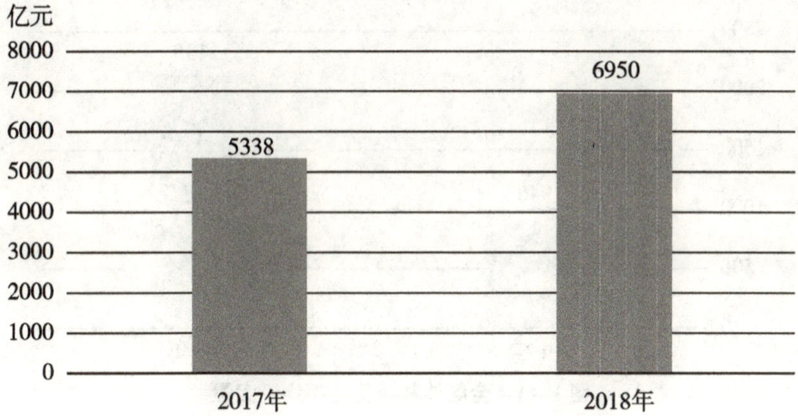

图 1 - 2　全国仲裁委员会案件标的总额

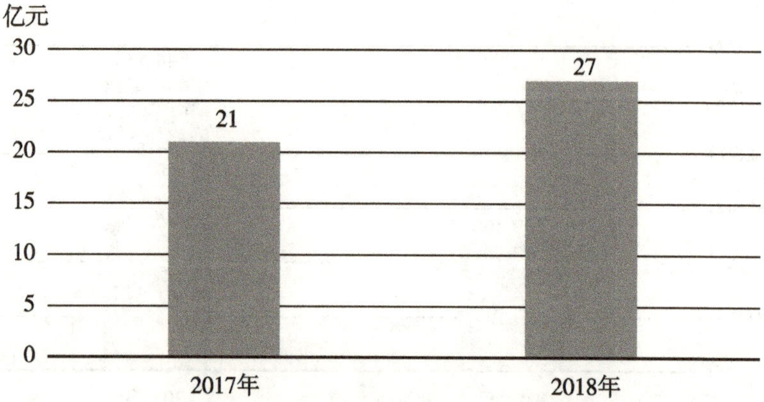

图1-3 全国仲裁委员会平均受案标的额

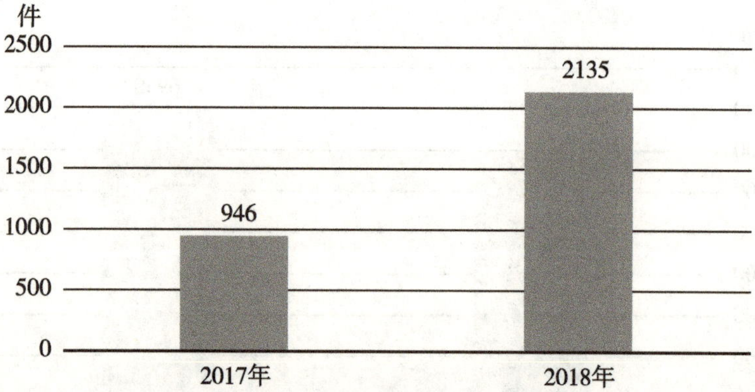

图1-4 全国仲裁委员会平均受案量

其他设区的市设立的仲裁委员会(共221家)受理案件252,710件,约占全国案件总数的46.4%;标的额为人民币2702亿元,约占全国案件标的总额的38.9%(见图1-5、图1-6)。

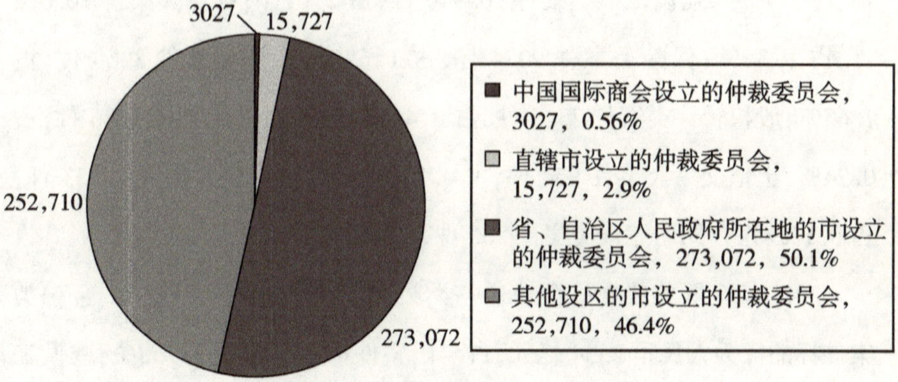

图1-5 受理案件占比(单位:件)

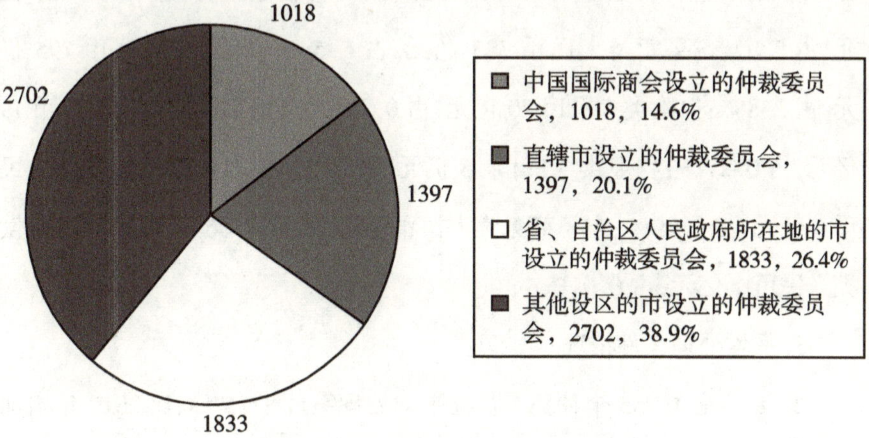

图1-6 标的额占比(单位:亿元)

2. 受理主要案件类型情况

2018 年全国仲裁委员会处理各类案件的数量和占比依次为:金融类案件 120,358 件,占全国案件总数的 22.1%;房地产类案件 38,861 件,占 7.14%;交通事故赔偿类案件 19,651 件,占 3.61%;买卖类案件 15,180

件,占 2.79%;建设工程类案件 10,946 件,占 2.01%;物业类案件 10,014 件,占 1.84%;保险类案件 9084 件,占 1.67%;租赁类案件 8966 件,占 1.65%;股权转让类案件 2518 件,占 0.46%;电子商务类案件 1286 件,占 0.24%;土地交易类案件 834 件,占 0.15%;农业生产经营类案件 553 件,占 0.1%;医疗纠纷赔偿类案件 266 件,占 0.05%。

2018 年全国仲裁委员会处理各类案件标的额和占比依次为:金融类案件标的额为人民币 2334 亿元,占全国案件标的总额的 33.58%;建设工程类人民币 956 亿元,占 13.76%;股权转让类人民币 913 亿元,占 13.13%;房地产类人民币 449 亿元,占 6.46%;土地交易类人民币 415 亿元,占 5.97%;买卖类人民币 385 亿元,占 5.54%;租赁类人民币 195 亿元,占 2.8%;保险类人民币 20 亿元,占 0.29%;交通事故赔偿类人民币 19 亿元,占 0.27%;物业类人民币 16 亿元,占 0.23%;农业生产经营类人民币 6 亿元,占 0.09%;电子商务类人民币 4 亿元,占 0.06%;医疗纠纷赔偿类人民币 1 亿元,占 0.01%。

3. 平均处理案件情况

2018 年全国 255 个仲裁委员会平均处理案件 2135 件,比 2017 年增加 1189 件,增长率为 126%;平均标的额为人民币 27 亿元,比 2017 年增加 6 亿元,增长率为 29%。

4. 调解和解及司法监督情况

2018 年以调解和解方式结案的案件数为 140,281 件,占受案总数的 26%,较 2017 年的 69,450 件及占受案总数 29% 的调解和解率,案件数增加了70,831件,调解和解率下降了3%(见图1-7)。

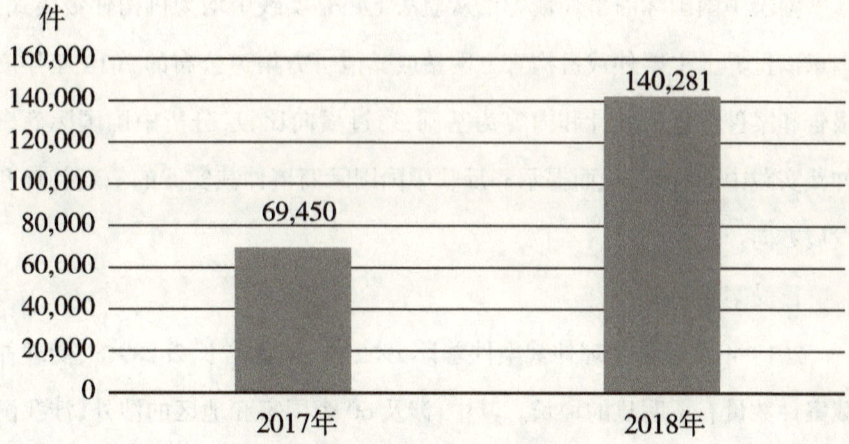

图1-7　调解和解结案案件数

2018年全国仲裁委员会被人民法院裁定撤销仲裁裁决共计64件,占案件总数的0.01%,与2017年的186件及占案件总数0.07%的撤销率相比下降0.06%;被裁定不予执行仲裁裁决137件,占案件总数的0.03%,与2017年的100件及占案件总数0.04%的不予执行率相比下降0.01个百分点。

5. 涉外、涉我国港澳台地区案件受理情况

2018年共56家仲裁委员会受理涉外、涉我国港澳台地区案件3673件,与2017年基本持平。其中,涉港案件1501件,涉澳案件321件,涉台案件281件。其他涉外案件1570件。

(二)中国国际商事仲裁实践之比较

鉴于中国国际商事仲裁无论从立法上还是实践中均为机构仲裁模式,本章以世界上主要仲裁机构官方网站或其他官方渠道公布的2018年年度报告和案件数据的统计和内容为基础,通过横向比较,分析中国国际商事仲裁实践中的特点,从而揭示和反映中国国际商事仲裁实践的最新趋势和发展方向。

1.受案量

2018年贸仲委受理仲裁案件总计2962件,同比增长28.89%,受理仲裁案件数量有了明显的增长。其中,涉及60个国家和地区的涉外、涉我国港澳台地区案件共522件(双方均为境外当事人案件36件),同比增长9.66%(见图1-8)。适用英文、中英文、德文作为仲裁语言的案件79件。并有案件适用包括国际商会仲裁院仲裁规则和《联合国国际贸易法委员会仲裁规则》在内的其他机构仲裁规则,以及约定适用包括《联合国国际货物销售合同公约》、哈萨克斯坦法、瑞士法、日本法在内的国际公约或外国法律。

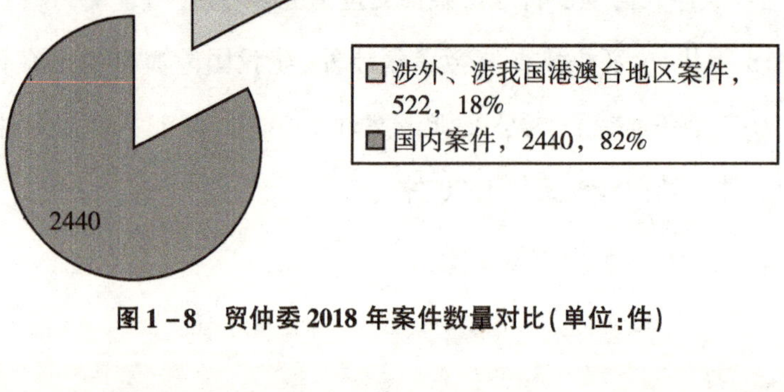

图1-8　贸仲委2018年案件数量对比(单位:件)

国际商会仲裁院(International Chamber of Commerce International Court of Arbitration,ICC)在2018年共受理仲裁案件842件,案件登记数量为历年来第二高,仅相比2016年的966件仲裁案件的记录略有下滑。

伦敦国际仲裁院(London Court of International Arbitration,LCIA)在2018年共受理317件仲裁案件,比2017年略有上升。所有案件中,271件为LCIA依照其机构仲裁规则管理的仲裁案件,这一数据创下了LCIA的最高纪录。在LCIA受理的所有案件中,41件为在适用《联合国国际贸易法委员会仲裁规则》(UNCITRAL Arbitration Rules,以下简称《UNCITRAL规则》)的案件中担任指定机构(appointing authority)或提供其他行政服务,抑或是在适用《UNCITRAL规则》的案件或其他临时仲裁中提供资金托管等服务。

斯德哥尔摩商会仲裁院(The Arbitration Institute of the Stockholm Chamber of Commerce,SCC)2018年共受理案件152件。其中76件是国际仲裁案件,占受案量的一半;87件案件适用SCC的仲裁规则,52件案件适用了SCC的快速仲裁规则,4件案件指定了紧急仲裁员。

新加坡国际仲裁中心(Singapore International Arbitration Centre,SIAC)2018年共接受新申请仲裁案件402件,涉及金额共计70.6亿美元(约为96.5亿新加坡元),其中375件案件由SIAC进行机构管理,占总案件数量的93%,27件案件为临时仲裁,占比7%。机构管理案件平均争议金额为2614万美元(约为3574万新加坡元)。

香港国际仲裁中心(Hong Kong International Arbitration Centre, HKIAC)2018年受理案件521件,比2017年减少了2.06%。其中,265件为仲裁案件,21件为调解案件,235件为域名争议案件。在仲裁案件中,146件为HKIAC依照其机构仲裁规则或《UNCITRAL规则》管理的仲裁案件,比2017年减少了6.41%(见图1－9)。

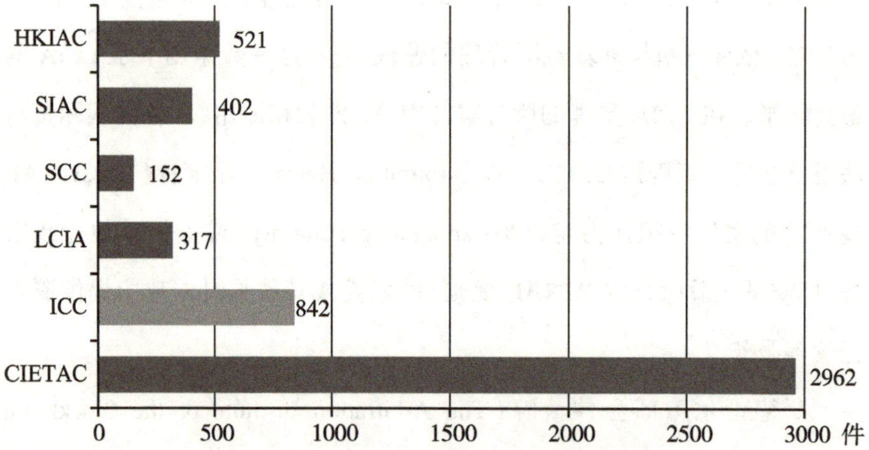

图1－9　2018年各大仲裁机构受案数量对比

2. 案件当事人

对于国际商事仲裁,案件当事人的国际化程度也可以反映仲裁机构在国际仲裁中受认可的程度。各国际主要仲裁机构目前公布的有关2018年案件当事人来自的国家或地区的情况如下:

贸仲委的案件当事人涉及60个国家和地区,主要来自美国、加拿大、巴西、墨西哥、德国、英国、法国、意大利、西班牙、奥地利、荷兰、南非、俄罗斯、澳大利亚、印度、日本、韩国、新加坡以及我国香港特别行政区等,涉及

"一带一路"沿线23个国家或地区共73宗案件。

2018年ICC受理的842件案件,涉及来自135个国家或地区的2282位当事人。其中受案量前5位的国家或地区为美国、法国、巴西、西班牙和德国,阿拉伯联合酋长国和土耳其首次进入前10位,中国(包括香港特别行政区)排在第11位。亚洲中部和西部地区案件当事人数量呈现大幅增长趋势,成为世界第四大案件受理地区。非洲北部地区案件当事人数量有一定增长,欧洲地区保持稳定。

2018年在LCIA受理的案件中,来自英国的案件当事人数量最多(占20.6%),紧随其后的是来自西欧的当事人(占15.8%),来自北美和加勒比海地区的当事人数量相对下降。

2018年SCC受理案件的当事人来自43个国家或地区,来自瑞典的当事人占比最多,共105位。除瑞典外,来自俄罗斯、德国、乌克兰的当事人最多。

2018年SIAC受理的案件以国际案件为主,377件为国际案件,占比84%。2018年SIAC受理的案件所涉及的当事人来自65个司法辖区。其中来自美国的当事人数量首次占据了最大比重(109位),来自印度和马来西亚的当事人数量紧随其后(分别为103位和82位)。受案前10位的其他国家或地区还有中国内地、印度尼西亚、开曼群岛、阿拉伯联合酋长国、韩国、中国香港特别行政区、日本。

2018年HKIAC受理的仲裁案件仍以国际案件为主,71.7%的仲裁案件涉及至少一个非香港特别行政区当事人,80.7%的机构仲裁案件为国际案件,39.4%的仲裁案件与中国香港特别行政区没有联系,8.4%与亚洲没有联系。2018年HKIAC受理的案件所涉及的当事人来自40个国家或地区。其中,受案量前10位的国家或地区为:中国香港特别行政区、中国内地、英属维尔京群岛、美国、开曼群岛、新加坡、韩国、澳门、越南和马来西亚。

3. 争议类型

贸仲委2018年受理的案件类型多达20种,新类型案件增加,比2017年受理的案件类型多了自然资源、矿产资源纠纷,文化、娱乐产业纠纷,互联网纠纷、电子商务纠纷等案件类型。贸仲委2018年受理的案件类型主要包括一般货物买卖纠纷、非金融争议类借款合同纠纷、股权投资和股权转让纠纷、服务合同纠纷、机电设备纠纷、建筑工程纠纷等。一般货物买卖纠纷案件数量位居首位,共452件;非金融争议类借款合同纠纷案件数量大幅增长(比2017年增加375件,为442件);股权投资、股权转让纠纷案件也大幅增加(比2017年增加129件,为348件);服务合同纠纷案件,机电设备纠纷案件,建筑、装修工程、承包工程、房地产开发建设纠纷案件保持较高数量(分别为347件、309件、228件)(见图1－10)。

2018年ICC受理的842件案件中,数量排名前列的案件类型为建设工程、能源、电信和专有技术、金融和保险。

根据2018年LCIA年报公布的数据,LCIA2018年受理的案件主要分布在如下领域:银行和金融(29%)、能源和矿产(19%)、交通及商品(14%)、建筑工程(10%)、专业服务(7%)等,其中银行和金融、矿产和能源、交通及商品纠纷成为构成该机构的主要案件类型。

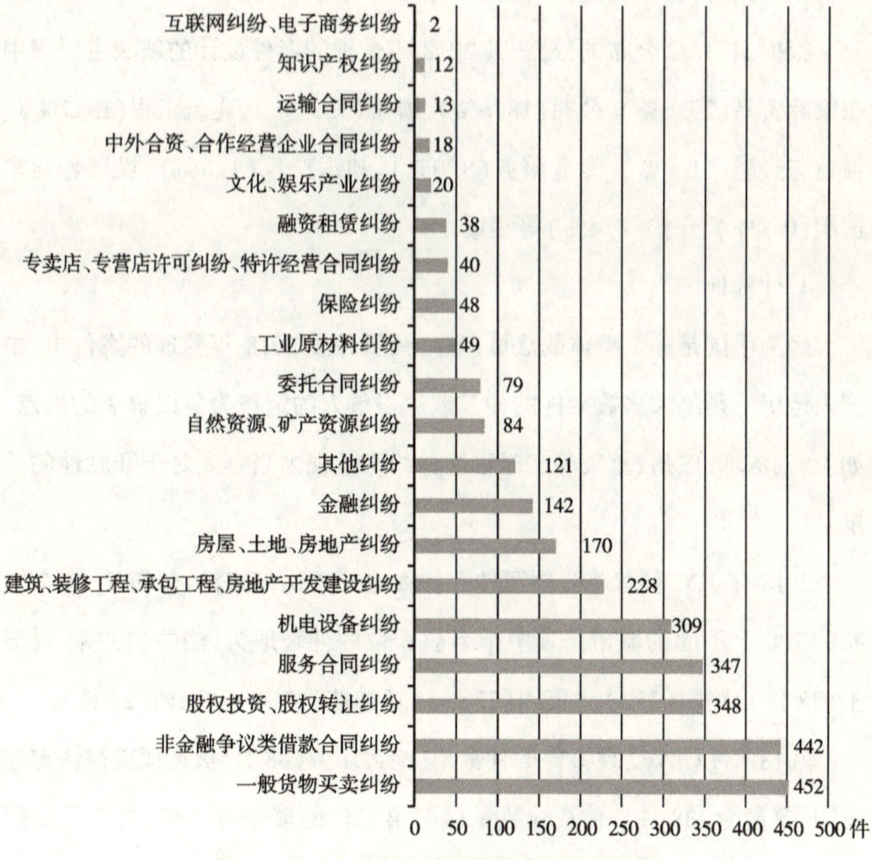

图 1-10 2018 年贸仲委受案类型及案件数

根据 SCC 公布的数据，其 2018 年受理的 152 个案件中，主要的纠纷类型涉及如下几个方面：服务协议纠纷（45 件）、运输协议纠纷（26 件）、并购纠纷（20 件）、股东协议纠纷（14 件）。

2018 年 SIAC 受理的案件类型主要为：贸易纠纷（27%）、商务纠纷（包括代理、分销、特许经营、许可等，占比 19%）、海事/运输纠纷（18%）、公司案件纠纷(15%)、建筑/工程纠纷(11%)等。

根据HKIAC公布的数据,其2018年受理的案件设计的领域主要集中在国际贸易(29.6%)、公司(18.6%)、海事(15.1%)、建筑工程(13.7%)、银行与金融(11.9%)、专业服务(8.0%)、知识产权(1.8%)、投资者与东道国(0.9%)、保险(0.4%)等领域。

4.仲裁地

因为中国是一个整体的法域概念,在贸仲委2018年受理的案件中,中国内地仍然是绝大多数案件的仲裁地。当事人约定作为争议解决的地点,如上海、深圳、广州、重庆等。通常这种约定被视为当事人对于开庭地的约定。

2018年ICC仲裁院受理案件的仲裁地分布比较广泛,分布于60个国家的108个不同的城市。其中排名前6位的仲裁地为:法国(137件)、瑞士(78件)、美国(75件)、英国(72件)、新加坡(27件)和巴西(27件)。

2018年LCIA受理案件的仲裁地,绝大多数(88%)被选择或被认定在英国,数量为238件。仲裁地数量排名第二位的瑞士有5件,第三位的阿拉伯联合酋长国有4件。

2018年SCC受理的案件中,69%的案件选择斯德哥尔摩作为仲裁地,选择哥德堡作为仲裁地的案件数量位列第二,选择马尔默市(瑞典南端城市)作为仲裁地的案件数量名列第三。总体而言,选择瑞典以外的地点作为仲裁地的案件相对较少。

2018年HKIAC受理的案件,绝大多数的案件(94.7%)的仲裁地被选择或认定在中国香港特别行政区,仅有小部分仲裁地被选择或认定在中国澳门特别行政区、新加坡或"中国香港特别行政区和印度"。

5. 仲裁员

2018 年贸仲委受理的案件中,外籍仲裁员共 59 人次参与审理案件 58 件。

ICC 仲裁院的数据显示,2018 年仲裁员的多样性进一步提升,来自亚洲和非洲地区的仲裁员数量有所上升。同时,女性仲裁员数量继续呈现大幅增长趋势,并且女性仲裁员中有 32% 担任首席仲裁员,30% 担任独任仲裁员,相比 2017 年分别提高了 1% 和 5%。此外,仲裁员队伍更加年轻化,年龄为 50 岁以下的仲裁员占 35%。

2018 年 LCIA 共指定仲裁员 449 次,获得指定的仲裁员共有 239 位。这些仲裁员来自 34 个国家。虽然大多数仲裁员将英国列为他们的第一国籍,但也有相当数量的仲裁员来自美国、加拿大、亚洲和欧洲大陆。当事人和仲裁员在 20% 和 27% 的情况下会选择非英国的仲裁员,而 LCIA 在 57% 的情况下选择了非英国的仲裁员。此外,在参与案件审理的仲裁员中,有 23% 是女性,这一比例比 2017 年减少了 1%。

2018 年 SCC 共指定了 225 名仲裁员,其中男性占 73%,女性占 27%,女性占比相较 2017 年的 18% 有所提升。所有仲裁员中,来自欧洲的仲裁员在 SCC 最受欢迎,共有 210 名来自欧洲的仲裁员被任命,其次是亚洲和北美(均为 5 名)。

SIAC 在 2018 年为 156 个独任仲裁庭和 19 个三人仲裁庭共指定了

175位仲裁员。这些仲裁员分别来自澳大利亚、加拿大、中国、法国、德国、印度、印度尼西亚、伊朗、爱尔兰、意大利、拉脱维亚、马来西亚、荷兰、新西兰、葡萄牙、新加坡、韩国、瑞士、英国、美国。从2018年的统计数据来看,来自新加坡(124名)、英国(85名)和澳大利亚(31名)的仲裁员较多。

2018年HKIAC共指定125名仲裁员,其中女性仲裁员占17.6%(22名),还有30.4%的仲裁员(21名)是HKIAC在之前的3年内都没有指定过的。仲裁员多来自英国、中国香港特别行政区、加拿大和新加坡。

6. 仲裁争议金额

2018年贸仲委受理仲裁案件涉案标的额首次突破千亿元大关,达人民币1015.90亿元,同比增长41.32%。标的额上亿元案件达171件,同比增长46.15%。

2018年ICC受理的案件争议总金额为360亿美元,平均争议金额为4500万美元。截至2018年年底,待决争议总金额达到2030亿美元,平均争议金额为1.31亿美元,争议金额中位数为1000万美元。

2018年LCIA受理的11%的案件争议金额超过1亿美元,7%的案件争议金额在5000万美元到1亿美元之间。

2018年SCC受理的案件总金额为133亿欧元,与2017年(15亿欧元)相比,总金额显著增加。其中适用快速仲裁规则的案件争议金额为1980万欧元,适用普通规则的案件争议金额为133亿欧元。

2018年SIAC受理的案件争议标的总额达到70.6亿美元(约为96.5亿新加坡元)。案件最高争议金额为23.8亿美元(约为32.5亿新加坡元）。

2018 年 HKIAC 受理案件争议总金额为 522 亿港元（约为 67 亿美元），比 2017 年增长了 34%。

7. 小结

通过对上述主要国际商事仲裁机构的年度报告和案件数据的统计分析，可以得出以下基本结论。

第一，各主要国际商事仲裁机构受理案件数量的变化有所不同，出现了新的趋势。ICC、SCC、SIAC、HKIAC 等仲裁机构受案量略有下降，而 LCIA 和贸仲委的受案量较 2017 年上升。其中，贸仲委保持着蓬勃发展的趋势，受案量大幅增长，总受案量在国际仲裁机构中位居前列。

第二，就争议类型而言，中国国际商事仲裁机构受理案件纠纷的类型进一步增加。尽管各个机构对于受案类型的分类标准不尽相同，但从受案类型大致的领域分布可以发现：中国国际商事仲裁机构受理的案件不仅包括传统的一般货物买卖纠纷、机电设备纠纷、中外合资和中外合作经营合同纠纷等类型的案件，也涉及了较新型的服务合同纠纷、金融纠纷、股权投资和股权转让纠纷、互联网纠纷、电子商务纠纷、文化和娱乐产业纠纷等类型的案件，受理案件争议类型的覆盖面之广、跨度范围之大，与其他国际仲裁机构相比也毫不逊色，甚至有所赶超。

第三，从争议金额的角度来看，各个国际仲裁机构均在 2018 年实现了受案总标的额的明显增长。其中，SCC 受案总标的额增长显著。贸仲委受理仲裁案件涉案标的额首次突破千亿元大关，达人民币 1015.90 亿元，同比增长41.32%,在国际仲裁机构中位居前列。

第四,就国际化程度而言,以贸仲委为代表的中国国际商事仲裁机构,在2018年国际影响力不断扩大。随着"一带一路"建设的全面推进,中国最高人民法院国际商事法庭的发展,中国国际商事仲裁界与各国仲裁界的进一步交流合作,中国国际商事仲裁国际化程度将获得进一步提升。随着中国国际商事仲裁机构外籍仲裁员数量的增加和仲裁员名册制度限制的逐渐开放,贸仲委在国际仲裁员参与仲裁方面将给当事人提供更多的选择,更大程度地丰富了中国国际商事仲裁的实践。

二、中国国际商事仲裁政策法制实践

2018年12月31日中共中央办公厅、国务院办公厅印发了《关于完善仲裁制度提高仲裁公信力的若干意见》,并发出通知,要求各地区各部门结合实际认真贯彻落实,该意见为中国国际商事仲裁的有序发展和立法修改提供了坚实基础。2018年最高人民法院继续积极支持仲裁事业发展,规范仲裁协议效力的认定、仲裁保全、裁决撤销和不予执行的审查程序,努力营造支持仲裁的司法环境,保障和促进仲裁国际国内公信力的提升。

(一)《关于完善仲裁制度提高仲裁公信力的若干意见》

党的十八届四中全会提出"完善仲裁制度,提高仲裁公信力"的改革任务,党的十九大提出要加强预防和化解社会矛盾机制建设,开启了中国特色社会主义仲裁事业发展的新征程。为深入学习贯彻习近平新时代中国特色社会主义思想,全面贯彻落实党的十九大精神,完善仲裁制度、提高仲裁公信力，中共中央办公厅、国务院办公厅印发了《关于完善仲裁制度提高仲裁公信力的若干意见》（以下简称《若干意见》）。

《若干意见》指出，仲裁是我国法律规定的纠纷解决制度，也是国际通行的纠纷解决方式。充分发挥仲裁在尊重当事人意思自治和便捷、高效解决纠纷等方面的作用，对完善仲裁、调解、行政裁决、行政复议、诉讼等有机衔接、相互协调的多元化解纠纷机制，公正及时解决矛盾，妥善化解纠纷，维护社会稳定，促进改革开放，保障经济社会持续健康发展具有重要意义。我国《仲裁法》颁布20多年来，全国仲裁工作始终坚持正确的政治方向和科学的专业服务方向，紧紧围绕党和国家的中心工作，自觉服务经济社会发展大局，化解了大量纠纷，在经济、社会发展过程中发挥了重要作用。同时也要看到，随着社会主义市场经济的深入发展和对外开放的进一步扩大，仲裁工作面临仲裁委员会内部治理结构不完善、仲裁发展秩序不规范、仲裁国际竞争力不强、监督制约机制不健全、支持保障不到位等新情况、新问题，进而影响了仲裁公信力，制约了仲裁事业的健康快速发展。

《若干意见》明确提出，要从规范仲裁委员会设立和换届有关工作、保障仲裁委员会依法独立工作、落实当事人意思自治原则、纠正扰乱仲裁发展秩序的行为等方面严格贯彻落实仲裁法律制度。要明确仲裁委员会的公益性、非营利性质，加强委员会建设，改革完善内部治理结构和管理机制，改进仲裁员选聘和管理制度，推进仲裁秘书职业化和专业化建设。要加快推进仲裁制度改革创新，支持仲裁融入基层社会治理，积极发展互联网仲裁，推进行业协作和仲裁区域化发展。要服务国家全面开放和发展战略,提升仲裁委员会的国际竞争力,加强对外交流合作,深化与我国港澳台地区仲裁机构合作。要加强党的领导,加大政府对仲裁工作的支持与监督力度,健全行业自律,完善司法支持监督机制,发挥社会监督作用。

《若干意见》要求,各地区各部门要结合各自实际,研究提出具体落实措施,认真谋划、周密安排、分工负责、加快推进,努力开创新时代中国特色社会主义仲裁事业新局面。各地区各部门对贯彻落实《若干意见》中发现的问题要及时研究提出解决方案,对制约和阻碍本意见实施的有关制度抓紧组织清理,不符合《若干意见》的要及时修改、废止。对违反我国《仲裁法》等有关规定的行为,按照“谁组建、谁负责、谁监督”的原则,由组建仲裁委员会的市政府进行全面清理整顿。贯彻落实情况和工作中遇到的重要事项要及时报司法部。

(二)构建“一带一路”国际商事争端解决机制

为深入贯彻落实中共中央办公厅、国务院办公厅《关于建立“一带一路”国际商事争端解决机制和机构的意见》,依法及时公正审理国际商事案件,平等保护中外当事人合法权益,营造稳定、公平、透明、便捷的法治化营商环境,最高人民法院于2018年6月27日发布《关于设立国际商事法庭若干问题的规定》(以下简称《国际商事法庭规定》),于广东省深圳市、陕西省西安市成立第一、第二国际商事法庭并开始正式办公,最高人民法院民事审判第四庭负责协调并指导两个国际商事法庭工作。2018年6月和12月,最高人民法院周强院长先后任命两批共15名国际商事法庭法官。2018年10月最高人民法院分别设立第一、第二国际商事法庭案件管理办公室,负责国际商事法庭案件的登记、立案及统筹管理等相关事务性工作。2018 年 11 月 21 日最高人民法院办公厅印发了《最高人民法院国际商事法庭程序规则(试行)》。2018 年 12 月第一国际商事法庭受理 5 宗涉外案件,分别为不当得利纠纷、产品责任纠纷和 3 件申请确认仲裁协议效力案件,第二国际商事法庭受理了 4 宗关联案件,分别为公司盈余分配纠纷、股东资格确认纠纷,损害公司利益责任纠纷案,案件分别涉及日本、意大利、英属维尔京群岛、泰国等多个国家。

为加强国际交流与合作,保障与促进国际商事法庭审判工作的顺利开展,支持调解、仲裁、诉讼等多元方式解决国际商事纠纷,最高人民法院于 2018 年 8 月 24 日印发《关于成立国际商事专家委员会的决定》,明确国际商事专家委员会由最高人民法院聘请的中外专家组成,专家委员接受国际商事法庭的委托为当事人解决国际商事纠纷提供调解等服务,为人民法院审理国际商事纠纷案件所涉专门性法律问题提供咨询意见,为最高人民法院制定相关司法解释及司法政策提供意见和建议。2018 年 7 月 11 日最高人民法院设立国际商事专家委员会办公室。2018 年 8 月 26 日最高人民法院正式成立国际商事专家委员会,并举办了最高人民法院国际商事专家委员会首届研讨会,来自 15 个国家的 32 名专家被聘任为首批专家委员。2018 年 11 月 21 日最高人民法院办公厅印发《国际商事专家委员会工作规则(试行)》。

为建立诉讼与调解、仲裁有机衔接的国际商事纠纷解决平台,形成便利、快捷、低成本的“一站式”国际商事纠纷多元化解决机制,最高人民法院在《国际商事法庭规定》中明确规定,最高人民法院国际商事法庭支持当事人通过调解、仲裁、诉讼有机衔接的纠纷解决平台,选择其认为适宜的方式解决国际商事纠纷。2018 年 11 月 13 日最高人民法院办公厅印发《关于确定首批纳入"一站式"国际商事纠纷多元化解决机制的国际商事仲裁及调解机构的通知》,根据相关机构申报,综合考虑各机构前期受理国际商事纠纷案件的数量、国际影响力、信息化建设等因素,确定中国国际经济贸易仲裁委员会、上海国际经济贸易仲裁委员会、深圳国际仲裁院、北京仲裁委员会、中国海事仲裁委员会以及中国国际贸易促进委员会调解中心、上海经贸商事调解中心,作为首批纳入"一站式"国际商事纠纷多元化解决机制的仲裁和调解机构。至此,以设立国际商事法庭、牵头组建国际商事专家委员会、建设"一站式"国际商事纠纷解决平台为主要内容的"一带一路"国际商事争端解决机制已初步建成。

(三)"一站式"国际商事纠纷解决机制下的国际仲裁司法审查新模式

国际商事法庭在尊重当事人意思自治的基础上拓宽当事人自主选择争端解决的途径,构成对现行国际争端解决机制的有益补充。根据《国际商事法庭规定》第 2 条的规定,国际商事法庭受理 5 种特定类型的国际商事案件:一是当事人依据我国《民事诉讼法》第 34 条书面协议选择最高人民法院管辖且标的额在人民币 3 亿元以上的第一审国际商事案件;二是应当由高级人民法院受理的第一审国际商事案件,但是高级人民法院认为需要由最高人民法院审理且经过最高人民法院准许的;三是在全国有重大影响的第一审国际商事案件;四是依照《国际商事法庭规定》第14条确立的"一站式"纠纷解决平台内当事人申请国际商事法庭进行仲裁保全、申请撤销裁决或者申请执行仲裁裁决的案件;五是最高人民法院认为应当由国际商事法庭审理的其他国际商事案件。其中,第四类案件即是由"一站式"国际商事纠纷解决机制处理的国际商事仲裁司法审查案件。

《最高人民法院国际商事法庭程序规则(试行)》第7章"支持仲裁解决纠纷"进一步明确了"一站式"纠纷解决平台的运作方式。该程序规则第34条规定:"当事人依照《规定》第十四条第一款的规定,就标的额人民币三亿元以上或其他有重大影响的国际商事案件申请保全的,应当由国际商事仲裁机构将当事人的申请依照民事诉讼法、仲裁法等法律规定提交国际商事法庭。国际商事法庭应当立案审查,并依法作出裁定。"该程序规则第35条规定:"当事人依照《规定》第十四条第二款的规定,对国际商事仲裁机构就标的额人民币三亿元以上或其他有重大影响的国际商事案件作出的仲裁裁决向国际商事法庭申请撤销或者执行的,应当提交申请书,同时提交仲裁裁决书或者调解书原件。国际商事法庭应当立案审查,并依法作出裁定。"即对于纳入"一站式"纠纷解决平台的国际商事仲裁保全案件、申请撤销以及执行国际商事仲裁裁决案件提级管辖,原由中级人民法院受理,改为直接由最高人民法院国际商事法庭受理并作出裁定。具体而言,首批纳入"一站式"国际商事纠纷多元化解决机制的5家国际商事仲裁机构所受理的标的额在人民币3亿元以上或具有其他重大影响的国际商事案件,当事人可以在申请仲裁前或者仲裁程序开始后,向最高人民法院国际商事法庭申请证据、财产或者行为保全;在仲裁裁决作出后,当事人可以向国际商事法庭申请撤销或者执行仲裁裁决。“一站式”纠纷解决平台同时还支持国际商事调解并鼓励专家委员参与调解,国际商事仲裁机构在仲裁过程中也可以根据当事人意思自治进行调解并委托专家委员调解。

此种将替代性争议解决方法(Alternative Dispute Resolution,ADR)、国际商事法庭和国际商事仲裁结合起来的模式是创新、现代和高效的,将凸显国际化、法治化和便利化的优势。可以预见,最高人民法院国际商事法庭就仲裁司法审查事项出具裁定的新模式,将打破30余年来由中级人民法院出具仲裁司法审查裁定的局面,这对于统一裁判规则、促进仲裁司法审查的规范性和专业性、营造支持和监督仲裁的良好环境,具有重大意义。同时,“一站式”纠纷解决平台是一项新生事物,其效果有待在实践中检验,规则有待在实践中细化,例如,“有其他重大影响”的国际商事案件的界定标准、不同仲裁机构受理关联案件时的管辖、仲裁协议效力确认案件和撤销裁决案件的衔接等问题亦有待在实践中磨合、消化和解决。

(四)继续支持自由贸易试验区商事仲裁事业发展

2018年8月1日根据中共中央国务院《关于支持海南全面深化改革开放的指导意见》和最高人民法院《关于为自由贸易试验区建设提供司法保障的意见》,最高人民法院制定发布了《关于为海南全面深化改革开放提供司法服务和保障的意见》,推动海南自由贸易试验区和中国特色自由贸易港建设。该意见第三部分明确提出,要支持建立多元化国际商事纠纷解决机构,发挥多元化纠纷解决机制作用。具体包括支持建立国际争端调解机构,发挥调解在国际商事纠纷解决中的作用;加强"一站式"纠纷解决机制建设,积极开展律师参与调解,充分发挥律师在国际商事调解中的作用;支持建立国际商事仲裁机构,充分尊重当事人选择纠纷解决方式的意愿;自由贸易试验区或自由贸易港民商事案件的主体之间约定将争议提交域外仲裁解决的,不宜以无涉外因素为由认定无效;建立国际商事纠纷案件集中审判机制,集中优势资源,依法审理涉及自由贸易试验区和自由贸易港建设的国际商事纠纷案件,提高案件审判能力和水平等。

(五)进一步规范仲裁裁决执行案件的相关程序

2018 年 1 月 5 日最高人民法院审判委员会审议通过《关于人民法院办理仲裁裁决执行案件若干问题的规定》(以下简称《仲裁裁决执行规定》),并于 2018 年 3 月 1 日施行。《仲裁裁决执行规定》共 24 条,适用于依据我国《仲裁法》作出的仲裁裁决、仲裁调解书的执行案件,但不包括外国及我国港澳台地区作出的仲裁裁决和调解书。

《仲裁裁决执行规定》主要规定了以下四个方面的内容:一是区分两类案件适度调整仲裁裁决执行案件的级别管辖。不予执行仲裁裁决的司法审查案件仍按照《仲裁法司法解释》的规定,由中级人民法院管辖。仲裁裁决执行实施案件,数量庞大,亦不涉及仲裁司法审查事项,故允许执行标的额符合基层人民法院一审民商事案件级别管辖受理范围,且被执行人住所地或者被执行财产所在地在被指定基层人民法院辖区的,可以指定基层人民法院管辖。二是对于仲裁裁决执行内容不明确不具体的,例如,权利义务主体不明确、金钱给付具体数额不明确或者计算方法不明确导致无法计算出具体数额、交付的特定物不明确或者无法确定、行为履行的标准、对象、范围不明确等导致无法执行,人民法院可以裁定驳回申请。三是创设案外人申请不予执行制度。规定案外人有证据证明仲裁案件当事人恶意申请仲裁或者虚假仲裁,损害其合法权益,案外人主张的合法权益所涉及的执行标的尚未执行终结的,可以自知道或者应当知道人民法院对该标的采取执行措施之日起30日内提出不予执行裁决申请,打击和防范虚假仲裁。四是多措并举遏制对不予执行程序的滥用,包括限定申请不予执行的期限、明确不予执行申请应一次性提出、进一步简化撤销裁决和不予执行程序,统一不予执行案件的审查标准等,避免被执行人滥用司法程序拖延程序。

《仲裁裁决执行规定》分别就超裁和无权仲裁、仲裁违反法定程序、裁决所根据的证据是伪造的、隐瞒足以影响公正裁决的证据几种情形作了细化规定,并规定了仲裁程序中的放弃异议失权制度,不仅有利于统一裁决不予执行的标准,而且对申请撤销仲裁裁决案件的处理有十分重要的参考意义。

2018年5月28日最高人民法院审判委员会审议通过《关于仲裁机构"先予仲裁"裁决或者调解书立案、执行等法律适用问题的批复》,并于6月12日施行。批复针对仲裁机构在网络借贷合同纠纷发生前就预先作出的仲裁裁决或者调解书,认为其不符合我国《仲裁法》第2条规定的仲裁机构可以仲裁的是未决纠纷,故规定对"先予仲裁"裁决或调解书不予受理;已经受理的,裁定驳回执行申请。此外,还针对网络借贷合同纠纷仲裁过程中“仲裁庭的组成或者仲裁的程序违反法定程序”的情形作了具体界定，避免仲裁机构以预设性裁决的方式剥夺债务人抗辩及救济权利，维护债务人的合法权益。

三、中国国际商事仲裁理论研究动态

（一）国内研究新近动态

2018 年以来，国内理论界对国际商事仲裁方面的研究主要集中在以下问题。

1.“一带一路”争端解决机制的发展

2018 年 1 月 23 日中共中央总书记、国家主席、中央军委主席习近平主持召开了中央全面深化改革领导小组会议，审议通过了《关于建立“一带一路”国际商事争端解决机制和机构的意见》（以下简称《意见》）。《意见》要求，要深入贯彻党的十九大和十九届二中、三中全会精神，以习近平新时代中国特色社会主义思想为指导，积极促进“一带一路”国际合作，依法妥善化解“一带一路”建设过程中产生的商事争端，平等保护中外当事人合法权益，努力营造公平公正的营商环境，为推进“一带一路”建设、实行高水平贸易和投资自由化便利化政策、推动建设开放型世界经济提供更加有力的司法服务和保障。“一带一路”倡议的实施面临参与主体多元、法律文化传统多样以及社会经济水平发展差异大等特点，这些导致了投资、贸易等纠纷的复杂性，也使“一带一路”争端解决机制的建设成为“一带一路”倡议顺利实施的重要保障。针对“一带一路”争端解决机制构建过程中面临的一系列问题,学者们积极探讨“一带一路”争端解决机制的模式选择方案以及实现调解、仲裁与诉讼相互协调的多元纠纷解决机制的可行性。

胡晓霞指出,单一的争端解决方式无法灵活有效地处理各国之间的经济贸易争端,只采用一种争端解决机制往往显得过于僵化。“一带一路”建设中的争端解决机制应当多元且兼容,多元的争端解决机制模式应当经得起效率性、效益性、透明度和实用性的检验。“一带一路”合作中应当构建多层次、立体化、互相配合、良性互动的跨境纠纷解决格局。①

王琦认为,“一带一路”争端解决机制的定位应当是具体的体制、制度与抽象的公信力、影响力的结合体,不仅应当构建统一的“一带一路”争端解决机制平台,还应当构建与区际、国际争端解决机制相配合的复合型机制。②

中国国际商事仲裁在“一带一路”争端解决机制中的发展,不仅关涉具体模式选择的问题,更重要的是顶层设计问题。在“一带一路”争端解决机制中,国际商事仲裁的科学发展和有效运行,需从顶层设计和行动布局上作出全面谋划。③ 新时代的国际商事仲裁需要国家通过发展战略、政策、宏观规划和立法等加以理念倡导和制度保障。

---

① 参见胡晓霞:《“一带一路”建设中争端解决机制研究——兼及涉外法律人才的培养》,载《法学论坛》2018 年第 4 期。

② 参见王琦:《“一带一路”争端解决机制的阐释与构建》,载《法学杂志》2018 年第 8 期。

③ 参见石春雷:《国际商事仲裁在“一带一路”争端解决机制中的定位与发展》,载《法学杂志》2018 年第 8 期。

2. 中国国际商事仲裁的电子化

随着网络技术、数字技术和移动通信技术的迅猛发展，社会生活和经济交往均呈现出电子化、网络化特征，各种媒介和电子、网络技术在全球治理中发挥日益重要的作用。一种专门迎合网络时代的更加高效能、低成本、便捷的在线纠纷解决机制（Online Dispute Resolution，ODR）悄然兴起，网络仲裁正是其中一种发展迅猛的形式。我国网络仲裁已脱离萌芽阶段，进入快速发展阶段。从全国仲裁机构受案量来看，2016 年网络仲裁案件已突破 20 万件，以广州仲裁委（以下简称广仲）为例，2017 年广仲通过网络仲裁受理网络案件共 70，079 件，标的额为人民币 35.61 亿余元，其中互联网金融案件占比 85%。网络仲裁以互联网技术为依托，为互联网金融纠纷提供了便捷、高效的纠纷解决方式。互联网金融中大部分证据，包括网上支付、电子合同等都是通过网络形成的，网络仲裁中电子证据可以及时有效地推送仲裁机构线上平台；同时，时间戳技术保证了电子证据的真实性、有效性，使其能够以“原件形式”接受审查。

国际商事仲裁的电子化是不可避免的趋势，学者们积极讨论其发展过程中所面临的困境，比如，在线仲裁协议的效力问题、在线仲裁身份认证问题、在线仲裁电子证据效力问题等，并在中国的立法语境下作出积极、合理的解释。现有的网络仲裁已经明确规定了线上仲裁协议，制定了线上申请、审理、裁决及线上送达等程序规则，并完善了电子证据的保全和认证服务，为网络仲裁的发展消除障碍。随着网络仲裁的兴起，互联网金融仲裁也引起了部分学者的注意。我国互联网金融受事后监管，金融监管存在刚性有余而灵活性不足的缺陷,沈伟提出利用仲裁方式沉淀互联网金融监管规则,可以为互联网金融监管规则的"自我完善和逐步成长创造必要的制度环境和实践基础",进而推动和优化更大范围的互联网金融监管和规则体系的建设。[①]

3. 国际商事仲裁与司法监督

仲裁虽具有浓厚的当事人主义色彩,是当事人契约性安排的体现,但由于仲裁制度的准司法性特质,决定了其不可能脱离司法而存在。要实现仲裁的公正与效率就离不开对商事仲裁的监督和支持。在"裁审择一处理"与"一裁终局"的制度设计下,仲裁排斥法院审理与司法监督之间始终存在难以调和的矛盾,同时仲裁保密性原则与仲裁监督所面临的公开性要求存在不可调和的冲突。[②] 对国际商事仲裁的司法监督,主要包括对两个话题的讨论:第一,对仲裁协议的司法审查;第二,对仲裁裁决的司法审查。

随着我国国际商事仲裁事业的快速发展,最高人民法院明确表态积极支持仲裁制度改革,采取多项措施以营造仲裁友好型司法监督环境。在涉及仲裁协议、仲裁条款效力认定的案件中,由于当事人意思自治的扩张催生了新型仲裁协议的出现,其中上诉仲裁协议、浮动仲裁协议在某种程度上颠覆了仲裁的终局性和仲裁合意的确定性。我国法院长期以来对仲裁

① 参见沈伟、余涛:《互联网金融监管规则的内生逻辑及外部进路:以互联网金融仲裁为切入点》,载《当代法学》2017年第1期。

② 参见丁朋超:《我国国际商事仲裁司法监督体制的反思与重构》,载《华北水利水电大学学报(社会科学版)》2018年第1期。

协议的有效性采取较严格的审查标准，但最高人民法院近年来就仲裁协议有效性审查所作出的复函已经表明，我国司法对于仲裁协议有效要件的判定由严格解释转为宽松解释。①

对仲裁裁决司法审查"单轨制"和"双轨制"选择的争论一直存在，学界直至今日尚无定论。学者们积极讨论商事仲裁监督模式的选择路径，归纳如下。

第一，以追求对案件实体及程序问题进行全面监督为特征的全面监督论。持全面监督论的学者认为，在公正和效率的双重价值目标下，公平的位阶高于效率，应当以公平作为裁决的统摄目的，违背公平的终局裁决也应当被推翻。

第二，仅追求对程序性事项进行审查的程序监督论。持程序监督论的学者认为，不应当对商事仲裁进行全局性监督，而应着眼于程序性事项，如何处理仲裁裁决和司法审查之间的关系，即如何寻求维护公平与追求效率之间的平衡点。

最高人民法院对仲裁协议中的宽松解释立场，体现了其支持仲裁的立场，此种态度的转变是否意味着对仲裁裁决的司法审查有可能向"单轨制"转变，抑或是对进入仲裁的门槛降低与缩紧对裁决的司法审查相对应？这一话题仍值得持续关注。

---

① 参见莫莉：《国际商事仲裁协议发展动向及我国司法审查立场》，载《理论界》2018 年第 2 期。

4. 仲裁法修改与仲裁程序改革

为弥补我国《仲裁法》的滞后性及适应仲裁制度新发展的需要，最高人民法院于2017年12月26日颁布了《关于审理仲裁司法审查案件若干问题的规定》，该规定就法律适用的若干具体问题予以解释，但仍无法克服我国《仲裁法》部分规则缺失所产生的困境。2018年8月24日习近平总书记在中央全面依法治国委员会第一次会议上强调："要加快建设覆盖城乡、便捷、高效、均等普惠的现代公共法律服务体系，统筹研究律师、公证、法律援助、司法鉴定、仲裁等工作改革方案，让人民群众切实感受到法律服务更加便捷。"

在中央的大力推动下，《仲裁法》的修改稳步进行。就《仲裁法》修改的讨论，主要集中在我国临时仲裁与境外临时仲裁权利不对等、外国仲裁机构在我国实施仲裁、仲裁员选任及司法监督等问题。① 我国作为《纽约公约》的缔约国，国内现行的《仲裁法》与《纽约公约》之间关于临时仲裁的规定存在矛盾与冲突，这种制度上的脱节会造成临时仲裁权利的不对等，这也是很多学者支持以法律形式明确临时仲裁制度的原因；②有的学者指出可通过将仲裁地作为裁决的籍属以应对"双轨制"司法审查下对国内仲裁裁决、国外仲裁裁决认定上的困难。③ 仲裁员选任及司法监督方面的问

① 参见刘瑛、林舒婷：《借鉴〈联合国国际贸易法委员会国际商事仲裁示范法〉完善中国〈仲裁法〉》，载《太原师范学院学报》(社会科学版)2018年第3期；祁壮：《构建国际商事仲裁中心——以〈仲裁法〉的修改为视角》，载《理论视野》2018年第7期。

② 参见张心泉、张圣翠：《论我国临时仲裁制度的构建》，载《华东政法大学学报》2010年第4期。

③ 参见赵秀文：《论国际商会国际仲裁院裁决的国籍》，载《政法论丛》2005年第5期。

题已引起司法部的关注。司法部公共法律服务管理局仲裁工作处处长石海2018年11月17日在“中国仲裁法学研究会年会暨第十一届仲裁与司法论坛”上的主旨演讲内容已体现了《仲裁法》修改中对仲裁员选任程序和司法监督支持作用的重视，但他在演讲中未提及临时仲裁制度及仲裁裁决籍属认定的问题，此两项问题是否会成为中国国际商事仲裁提升国际认知度的障碍，仍需进行深入的论证和分析。

5. 第三方资助仲裁中受资方信息披露义务

第三方资助仲裁与现行国际商事仲裁程序存在诸多非兼容之处，如何优化受资方披露规则之设计成为过去一年部分学者关注的重点。介入仲裁的第三方资助之秘密性使资助方与仲裁员的关系在整个仲裁过程中处于隐秘状态，这导致仲裁员独立性和公正性存在诸多不确定因素。[①] 第三方资助还会影响当事人的诉求及其在仲裁程序中的行为，进而实质性地影响仲裁程序，导致仲裁程序的公正性受到质疑。刘瑛提出，应当通过立法对第三方资助仲裁予以规制：若资助协议签订在先而国际仲裁程序启动在后，受资方应在仲裁程序开始启动之时将第三方资助仲裁披露给仲裁机构；若第三方资助仲裁发生在仲裁启动之后，受资方应在其签订资助协议后立即将第三方资助仲裁之事实披露给仲裁机构、仲裁庭和对方当事人。[②] 第三方资助仲裁除增加了仲裁程序公正之不确定性之外，还可能产生滥用

---

① 参见林其敏：《国际商事仲裁的透明度问题研究》，载《河北法学》2015年第6期。

② 参见周艳云、周忠学：《第三方资助国际商事仲裁中受资方披露义务的规制——基于“一带一路”视阈》，载《广西社会科学》2018年第2期。

诉权的后果。虽然允许第三方资助仲裁已成为主流趋势,但在开放这一市场的同时更需要关注如何通过立法减少和控制其对仲裁程序可能带来的不利影响。①

6. 国际投资仲裁的“去商事化”

国际投资仲裁独立于国际商事仲裁,具有争议主体地位、法律适用依据、仲裁程序透明度要求以及裁决执行前审查等多个方面的特殊性。但是国际投资仲裁程序本身发端于国际商事仲裁,虽具有特殊性,但在仲裁庭组建、仲裁程序规则设计等方面主要依托于商事仲裁。考虑到国际投资仲裁的特殊性,理论界对仲裁庭在条约解释和适用上的“商事化”倾向提出了质疑。

不同于商事仲裁庭中对合同条款的解释,投资仲裁庭在裁决中不可避免地对投资条约中的条款进行解释,如若不将合同条款与投资条约条款加以区别对待,将投资仲裁视同于商事仲裁,可能会造成对缔约国缔约意图的扭曲和对条约立法原意的曲解。因此有学者提出,应承认并区分构建商事仲裁与投资仲裁程序,厘清并统一投资内涵与边界;②另有学者指出,国际投资仲裁的“商事化”与倾斜保护投资者利益相关,而中国兼具资本输出国和资本输入国双重身份,在国际投资仲裁中应采取利益平衡立场,故

① 参见谈晨逸:《第三方资助仲裁对仲裁员独立性的挑战与防范》,载《国际商务研究》2019年第1期。

② 参见贺辉:《基于实践分析国际投资仲裁去商事化的必要性》,载《郑州大学学报》(哲学社会科学版)2018年第5期。

应坚持国际投资仲裁的去"商事化"倾向。[①]

（二）国外研究新近动态

2018年以来，国外理论界对国际商事仲裁方面的研究主要集中在以下问题。

1. 国际商事仲裁改革中的"加速"仲裁程序

不可否认的是，国际商事仲裁是国际商事纠纷的重要解决方式，但近年来国际商事仲裁程序的经济及时间成本不断增加，仲裁相对于诉讼的优势逐渐缩小，基于此，部分学者提出商事仲裁不再是争议解决中更优的选择。拖延的仲裁程序大幅降低了传统商事仲裁的效率，申请人与被申请人之间证据及抗辩的交换可能持续数年，这极大地增加了仲裁的时间和经济成本。[②] 国际商事仲裁程序变得时间冗长、成本高昂甚至程序复杂，与诉讼程序之间的界限呈现模糊态势，部分学者批判其为国际商事仲裁的"司法化"倾向。[③] 提高仲裁程序效率、削减成本是国际商事仲裁去"司法化"的主要改革方案，但是如何在效率与公平之间作出取舍是改革的重点。

伊莱恩·费舍尔（Eliane Fischer）和迈克尔·沃尔伯特（Michael Walbert）提出仲裁仍具有很多优势，"加速"仲裁程序等程序设置使仲裁能

---

① 参见肖芳：《国际投资仲裁裁决司法审查的"商事化"及反思——以美国联邦最高法院"BG公司诉阿根廷"案裁决为例》，载《法学评论》2018年第3期。

② See Irene Welser and Chiristan Klausegger, "Fast Track Arbitration: Just Fast or Something Different", *Australia Yearbook on International Arbitration* 2009.

③ See Leon Trakman and Hugh Montgomery, "The 'Judicialization' of International Commercial Arbitration: Pitfall or virtue?", 30 *Leiden Journal of International Law* (2017).

够更好地适应不断发展的商事纠纷的需要。[①] 鲁道夫·钱宁(Rudolf Tschani)等学者则反对提高商事仲裁的效率,他们认为"加速"仲裁会以损害正当程序、牺牲申请人与被申请人陈述权为代价。[②]

邓杰总结了各国已推出的"加速"仲裁程序规则,主要包括以下特点:一般采取独任仲裁以避免采取合议庭形式容易导致的延误;适当扩大仲裁员的权限,使其能够根据实际情况对个案采取适当的程序;设定程序时限要求当事人及仲裁员共同遵守,以推进仲裁程序的高效运行;合理限制当事人陈述案情的权利,减少不必要的延误和花费;限制或排除当事人上诉的权利,当事人就实体问题向法院申请复审的权利多被限制或排除。[③]

整体而言,"加速"仲裁程序是在强调效率价值的基础上产生的特别程序,是自20世纪90年代即已兴起的仲裁去诉讼化运动的一种体现。我国尚未接受"加速"仲裁程序,但在实践中存在类似的简易程序、快速程序及小额程序。对"加速"仲裁程序规则的研究有助于协调效率与公平价值的位阶冲突,避免过于注重效率而产生不正义的结果。

2. 紧急仲裁员程序规则

除"加速"仲裁程序外,紧急仲裁员制度是另外一种提升传统商事仲裁效率的制度设置。当争议双方发生紧急状况导致无法等待仲裁庭组成

---

① See Eliane Fischer and Michael Walbert, "Efficient and Expeditious Dispute Resolution in M&A Transactions", *Australia Yearbook* 2018.

② See Rudolf Tschäni, Harold Frey and Dominique Müller, Streitigkeiten aus M&A-Transaktionen 12, 90 (2013).

③ 参见邓杰:《商事仲裁改革国际潮流下的加速仲裁程序》,载《上海师范大学学报》(哲学社会科学版)2018年第6期。

时，由紧急仲裁员根据事实情况对当事人提出的财产、证据保全申请发布临时禁止命令并采取临时保全措施。[①] 采取紧急措施或保全措施的权利原专属于法院，在尚未建立紧急仲裁员制度的国家仍是如此（如中国），而在紧急仲裁员制度下仲裁员享有此种权利，因此在讨论一国是否引入紧急仲裁员制度时必须先论证其权利基础和权利界限。[②] 尤其是当紧急仲裁员的权利与法院的权利发生重叠时，当事人该当如何选择？卡沃科尔罗斯（Cavalieros）和吉姆（Kim）提出，法院发布临时措施命令应以紧急仲裁员或仲裁庭无法提供类似救济为限，即法院发挥的是补充和最后救济的作用。争议双方遇到紧急情况时，应先通过紧急仲裁员制度寻求救济，在无法获得相应保护时再向法院主张。

不仅紧急仲裁员的权利界限受到国外学者关注，紧急裁决的效力及执行问题更是受到广泛讨论。比如，紧急仲裁员针对案件情况发布的临时措施命令事实上属于裁决性质，系仲裁员的超裁行为，此时的临时措施效力应如何判定，紧急仲裁裁决是否能够执行？有的学者认为，应当将临时措施视为仲裁裁决的一种形式，根据《纽约公约》予以执行。[③] 但作为临时措施的仲裁裁决是否具有终局效力仍存在较大争议。

---

① See Irene Welser, Fast Track Proceedings, "Expedited Procedure and Emergency Arbitrator-Pros and Cons", in *Liber Amicorum to Professor Jerzy Rajski* 216, 221 *Beata Gessel-Kalinowska vel Kalisz ed.*, 2015.

② See Cavalieros, Philippe and Kim, Janet (Hyun Jeong), "Emergency Arbitrators Versus the Courts: From Concurrent Jurisdiction to Practical Considerations", *Journal of International Arbitration* 35, No. 3, 2018.

③ 参见房沫：《仲裁庭组成前的临时救济措施——以新加坡国际仲裁中心仲裁规则为视角》，载《社会科学家》2013 年第 6 期。

国外学者比较分析了各仲裁机构规则中有关紧急仲裁员的规定,阐述了紧急仲裁员在商事仲裁中作用以及权利,对紧急仲裁员程序的进一步发展和完善提供理论支持。巴萨姆·穆斯塔法·图必莎(Bassam Mustafa Tubishat)和卡顿·法瓦兹·堪达(Khaldon Fawzi Qandah)指出,紧急仲裁员相关规则主要集中于两个层面:第一,紧急仲裁员的权利范围,在组成最终仲裁庭之前紧急仲裁员有权决定采取临时措施或紧急措施以保护仲裁程序当事方的利益、避免最终裁决无法执行等情况发生。为了更好地实现上述目的,紧急仲裁员必须享有决定采取对仲裁当事方具有拘束力的紧急措施的权利。第二,紧急仲裁员的地位,根据对SCC、ICC及SIAC仲裁规则的比较研究,紧急仲裁员经审查作出临时裁决的期限分别为不得超过5天且裁决效力延续至最终裁决作出(SCC),不得超过15天(ICC)和不得超过1天(SIAC)。而关于临时措施的效力所持续的时间各仲裁机构规定的区别较大且仍较模糊。①

3. 仲裁员选任问题

国际商事仲裁中仲裁员扮演重要的角色,他们既是仲裁程序的"刹车片"又是仲裁程序的"加速器"。一方面,仲裁员需要主导程序的进行,避免争议双方滥用仲裁规则赋予其的权利;另一方面,仲裁员需确保仲裁程序的顺利运行,避免因程序拖沓而导致的不经济和低效率。

基恩(Jean)指出,目前仲裁员在仲裁程序中的作用令人失望,他们要

---

① See Bassam Mustafa Tubishat and Khaldon Fawzi Qandah, "The Role of Emergency Arbitrator in Commercial Arbitration: Comparative Study", 11 *J. Pol. &L.* 94, 2018.

么因受限于其权利的制约而扮演被动的裁判者角色或者未能在权力范围内审慎行为以确保仲裁程序的有效性;要么滥用其在仲裁程序中的权力导致仲裁的拖延或成本激增。① 合格的仲裁员应当充分尊重争议双方的自由,根据正当程序原则恰当地行使自由裁量权,以确保仲裁程序的顺利运行。②

除仲裁员本身资质与素质受到质疑外,“仲裁常客”与仲裁员之间潜在的良好密切关系也成为影响仲裁公正性的因素。从理论上来说,在仲裁员的选定过程中,争议双方享有同等的自由选择的权利。而在实践中,仲裁员处于一个相对封闭的市场,受仲裁秘密性因素的影响,一般当事人只能通过仲裁员先前参加过的仲裁案件数量来判断其能力和水平,而“仲裁常客”则可能基于先前经验在仲裁员的选定上占有优势。正如亨特(M. Hunter)所说,“我真正挑选的是对我的当事人最有倾向性的仲裁员,而不是具有最少偏见的仲裁员”。③

4. 国际商事仲裁中的透明度问题

第三方资助仲裁、“仲裁常客”、仲裁员公正性等问题引发了有关国际

---

① See Jean E. Kalicki, “Controlling Time and Costs in Arbitration, Progress Report (Part 1of 2)”, Kluwer Arbitration Blog, 21 November 2011, Accessed March 22, 2019. http://arbitrationblog. kluwerarbitration. com/2011/11/21/controlling-time-and-costs-in-arbitration-a-progress-report-part-l-of－2/.

② See Cosmos Nike Nwedu, “Spotlight on International Arbitration: A Survey of Emerging Trends and Challenges to Its Practice”, 6 *Y. B. on Int'l Arb.* 23, 2019.

③ J. Fernandez-Armesto, “Salient Issues of International Arbitration”, *American University of International Law Review*, Vol. 27, 2012, p. 723. 转引自王吉文:《国际商事仲裁中的“仲裁常客”问题》,载《西部法学评论》2018 年第 3 期。

商事仲裁是否应当增加透明度的问题。戴维森(Davidson)认为,虽然部分学者呼吁应当公开仲裁裁决,但只有极少数的仲裁机构有公开裁决的意向,仲裁保密性和私密性仍然是商事仲裁的主要特质。①

科赫(Kehoe)则认为,对仲裁程序进行更多的信息披露,可以促使当事人及仲裁员更加审慎地行为,增加透明度有助于仲裁委员会对仲裁裁决的审查,同时在涉及公共利益的案件中,社会监督可以避免裁决结果实质性地损害公共利益。②

马伦(Malan)指出,透明度要求已经在很多方面对商事仲裁产生影响,增加透明度的趋势也并不新鲜,目前对增加透明度的考虑更多从利益平衡的角度出发,即在仲裁的公正性和可信赖性与仲裁程序的灵活性和秘密性之间作出权衡。③

叶林娜(Elina)认为,由于仲裁员池规模的局限性和仲裁程序进展信息获取的有限性,仲裁保密性在一定程度上已成为国际商事仲裁程序进一步发展的障碍。国际商事仲裁若要进一步发展成为更有效、可信赖的争端解决机制,透明度的增加则是一个必然的改革方向。④

联合国国际贸易法委员会的投资仲裁透明度规则以及《毛里求斯公

① See "International Arbitration Experts Discuss Shifts In Transparency, Significant Developments This Year And What 2018 May Bring", *MEALEY'S International Arbitration Report*, Vol. 32, #11 November 2017.

② Ibid.

③ Ibid.

④ See Elina Zlatanska, "The International Journal of Arbitration", *Mediation and Dispute Management* Vol. 81, No. 1 NoInternational.

约》虽然只适用于投资者—东道国基于条约的投资仲裁,但其中的信息披露规则正受到越来越多的学者关注和讨论,这对未来国际商事仲裁程序可能产生渗透性影响。如马修(Matthew)指出,透明度规则应当适用于国际商事仲裁而非仅限于投资者—东道国投资仲裁。透明度规则的扩展适用有助于增加商事仲裁体系的合法性,促进商事仲裁裁决的连贯性、一致性和可预测性。①

5. 国际商事仲裁改革背后的"公共治理"问题

近年来,有关国际商事仲裁的质疑越来越多,引发国外学者对国际商事仲裁改革的积极讨论。一些学者质疑商事仲裁缺乏透明度,②一些学者对商事仲裁中缺乏先例制度提出批评,③还有的学者针对第三方资助仲裁背后存在的利益冲突问题表示担忧。④ 有学者指出,对这些问题的讨论基于仲裁程序是否改革取决于仲裁规则的提供者——仲裁机构本身,这是一个私法自治的问题而非公共治理的问题。而巴埃什(Baaij)则指出,虽然商事仲裁属于私法自治的范畴,但是国内法院对于仲裁机构具有决定性的

---

① See Matthew Carmody, "Overturning the Presumption of Confidentiality: Should the UNCITRAL Rules on Transparency Be Applied to International Commercial Arbitration", 19 *Int'l Trade &Bus. L. Rev.* 96, 2016.

② See Victoria Pernt, "How Much (More) Transparency Does Commercial Arbitration Really Need", Kluwer Arb. Blog (Mar. 4, 2017).

③ See William W. Park, "The Predictability Paradox Arbitrators and Applicable Law", *ICC Publication* No. 753E, 2014.

④ See Valentina Frignati, "Ethical Implications of Third-party Funding in International Arbitration", 32 *ARB. INT.* 505, 510, 2016.

影响。①

沃尔特(Walter)和托马斯·迪茨(Thomas Dietz)也表达了类似的观点,他们认为国际商事仲裁的快速发展正是建立在国内法院对仲裁协议的承认和对仲裁裁决最终执行的司法保障之上。② 仲裁机构所提供的示范仲裁条款也是基于其认为法院会履行仲裁协议并支持相关争端在仲裁机构予以解决。

爱丽丝(Alice)和弗洛里安(Florian)认为,国际商事仲裁改革的本质问题是仲裁庭与国内法院之间管理权和司法权的分配问题。③ 国际商事仲裁在许多国家的发展成熟使仲裁庭取得对仲裁程序的自治权成为公认的事实,但是这并不意味着这一权力分配问题在改革中已无须探讨。如果国家认为仲裁需要为相关商事规则承担更多的规则生成义务,则仲裁改革就会向相应方向发展。

简(Jan)根据对欧盟法的研究指出,欧盟法中的强制法并非为阻碍国际仲裁的有效性而存在的,恰当地适用强制法对仲裁协议和法院选择的条款,是平衡"私法利益"和"公法利益"的重要工具。④

---

① See C. J. W. Baaij, "Hiding in Plain Sight: The Power of Public Governance in International Arbitration", 60 *Harv. Int'l L. J.* 135 (2019).

② See Walter Mattli and Thomas Dietz, "Mapping and Assessing the Rise of International Commercial Arbitration in the Globalization Era: An Introduction", *International Arbitration and Global Governance: Contending Theories and Evidence* 1-21, 9, 2014.

③ See Alice Stone Sweet and Florian Grisel, "The Evolution of International Arbitration", *Judicialization, Governance, Legitimacy* 45, 2017.

④ See Jan Kleinheisterkamp, "Overriding Mandatory Laws in International Arbitration", *ICLQ* Vol. 67, Oct. 2018.

6. 腐败的可仲裁性问题

尽管腐败被普遍认定为破坏贸易的行为，但就腐败是否构成国际罪行目前尚未达成一致。在美国《反海外腐败法》的执法力度以及经济合作与发展组织（Organisation for Economic Co-operation and Development，OECD）反腐败公约的推动下，一些国家已开启本国的反腐败立法进程，但是对腐败的执法仍然是一个缺乏国际共识的问题。腐败目前主要被认为是东道国的公共政策问题，随着反腐败问题的热度升级，外国学者开始对腐败问题的可仲裁性展开研究，研究重点在于仲裁庭是否享有对国际商事仲裁中有关腐败的指控的裁决权、应当适用何种准据法。

迪克沙（Deeksha）和吉坦尼阿丽（Geetaniali）认为，尽管腐败具有明显的可谴责性，但不影响仲裁员对国际商事仲裁中当事方有关腐败的指控享有裁决权，当事方可通过仲裁获得经济补偿。虽然腐败存在"取证难"的问题，但是如果将腐败问题排除在国际商事仲裁的范围外，可能不利于保护当事方利益。①

以马内利（Emmauel）指出，反腐败力度的加强使涉及腐败指控的商事纠纷增加，仲裁员在裁决国际商事仲裁中关于腐败的指控时并非依据国内法而是基于一些共同的原则或者跨国反腐败规则。虽然直接获取腐败的相关证据仍存在困难，但是仲裁员已逐渐形成通过足够的指标或者"警示

① See Deeksha Malik and Geetanjali Kamat, "Corruption in International Commercial Arbitration：Arbitrality", *Admissibility & Adjudication*, 5 Arb. Brief 1, 2018.

标志"来认定腐败存在的标准。①

仲裁员就腐败指控进行裁决并非新近出现的问题,在"ICC No. 1110案"中,拉格尔格伦(Lagergre)法官即被要求就政府官员的受贿和欺诈行为进行裁决。无论是商事还是投资条约中也越来越多地就腐败问题进行规定,从国外学者的研究现状来看,腐败属于国际商事仲裁和投资仲裁的可仲裁范围已有先例。

① See Emmanuel Gaillard, "The Emergence of Transnational Responses to Corruption in International Arbitration", *Arbitration International*, Vol. 35, Issue 1, Mar. 2019.

第二章　中国涉“一带一路”国家或地区仲裁实践观察

2013 年 9 月和 10 月国家主席习近平先后提出与沿线国家共同建设“丝绸之路经济带”及“21 世纪海上丝绸之路”的倡议。“丝绸之路经济带”和“21 世纪海上丝绸之路”简称“一带一路”。[①] 截至 2019 年 7 月底，已有 136 个国家和 30 个国际组织与中国签署了 194 份共建“一带一路”合作文件。[②] 2013～2018 年我国企业对“一带一路”共建国家或地区直接投资超过 900 亿美元，年均增长 5.2%。在共建国家或地区新签对外承包工程合同额超过 6000 亿美元，年均增长 11.9%。[③] 自“一带一路”倡议提出以来，我国不断加强与“一带一路”共建国家或地区的经贸往来，不断探索涉“一带一路”争端解决机制的构建。2018 年 6 月中共中央办公厅、国务院办公厅印发了《关于建立“一带一路”国际商事争端解决机制和机构的

---

① 载中国一带一路网：https://www.yidaiyilu.gov.cn/info/iList.jsp? tm_id=540。

② 《已同中国签订共建“一带一路”合作文件的国家一览》，载中国一带一路网：https://www.yidaiyilu.gov.cn/gbjg/gbgk/77073.htm。

③ 《我国对“一带一路”沿线国家直接投资超 900 亿美元》，载新华网：http://www.xinhuanet.com/2019-04/18/c_1124386214.htm。

意见》,更凸显了研究涉“一带一路”国家或地区商事主体之间的争议解决问题的必要性。

贸仲委作为知名国际商事仲裁机构,在管理涉“一带一路”国家或地区商事主体的争议上,拥有丰富的实践经验。2013 年 1 月到 2019 年 6 月,贸仲委共受理 557 件涉“一带一路”国家或地区仲裁案件,争议金额共计人民币 243.57 亿元。本章从贸仲委审结的涉“一带一路”国家或地区仲裁案件中,选取了 263 件典型案例,在隐去当事人、仲裁员、案号等信息后,进行了特别观察和研究。这些案例中,绝大多数案件是以裁决的方式结案,少数案例以和解方式结案。本章对所选取案例的案件类型、仲裁语言、案件适用法律、当事人的国别或地区、案件其他涉外因素、裁决结果等诸多因素进行了全面的分析和研究,总结出涉“一带一路”国家或地区商事争议案件的特点和特色。同时,本章通过大数据分析以及对典型案例的剖析,总结了当事人处理涉外商事争议案件的经验与启示,并在此基础上提出风险防范的建议。

一、涉“一带一路”国家或地区仲裁裁决概况

(一)案件类型

本章共选取并分析归纳了 263 件涉“一带一路”国家或地区案件,其中,涉及的案件类型多达 23 种,包括股权转让纠纷、质押合同纠纷、买卖合同纠纷、保险合同纠纷、服务合同纠纷、委托合同纠纷、租赁合同纠纷、建设工程合同纠纷、运输合同纠纷、承揽合同纠纷、特许经营合同纠纷、中外合

资经营企业合同纠纷、借款合同纠纷、债权转让合同纠纷、保证合同纠纷、侵犯商业秘密纠纷、确认合同效力纠纷、公司清算纠纷、著作权合同纠纷、公司增资纠纷、专利许可纠纷、股东出资纠纷等(见图2-1)。

关于贸仲委受理的涉“一带一路”国家或地区案件类型的统计结果如图2-1所示。

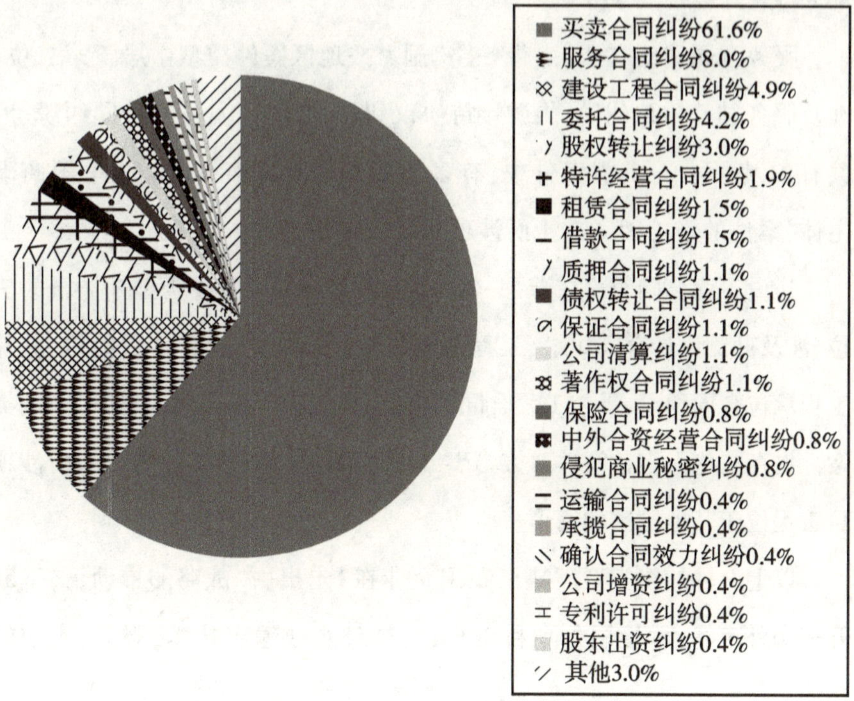

图2-1　贸仲委涉“一带一路”国家或地区案件类型

从图2－1不难看出,贸仲委受理的涉“一带一路”国家或地区案件的主要争议类型是国际货物买卖合同纠纷。在263起案件中,国际货物买卖合同纠纷案件共有162起,多涉及设备、自然资源等的买卖。因案件较多涉及国际货物买卖纠纷,《联合国国际货物销售合同公约》《国际贸易术语解释通则》等也较多适用于以上买卖合同纠纷案,在以下关于法律适用的部分将展开进一步分析。

服务合同纠纷在涉“一带一路”国家或地区案件类型中居于第二位,涉及服务结算协议纠纷、旅游接待协议纠纷、系统开发安装合同纠纷等,共有21起案件。此类案件中,有多起案件的双方当事人均为中国商事主体,案件的涉外因素在于所涉项目或服务地点在中国境外。

建设工程合同纠纷在涉“一带一路”国家或地区案件类型中居于第三位,涉及勘测设计合同纠纷、工程承包纠纷、房建项目合作协议纠纷、钻井工程承包合同纠纷、承包工程合同纠纷等,类似于服务合同纠纷案件,此类案件也存在绝大多数案件双方当事人均为国内主体,涉外因素在于所涉项目工程位于其他国家的情形。

以上两种纠纷类型反映出我国企业在“走出去”战略的推动下,不断开拓海外市场,承接国外项目工程,向国外企业输出技术、服务、人才的趋势。

(二)仲裁语言、仲裁地

根据当事人的约定,或者根据《中国国际经济贸易仲裁委员会仲裁规则》(2015年版)的规定,[1]绝大多数案件使用中文作为仲裁语言。在仲裁语言为中文但双方当事人的官方语言均非中文,或在当事人一方不懂中文的情况下,为了顺利推进仲裁程序,贸仲委仲裁院向当事人发送仲裁函件时,同时发送了英文翻译文本。

从仲裁地的选择来说,绝大多数当事人并没有对仲裁地进行明确选择,因此,由仲裁庭根据仲裁规则决定仲裁地为中国。

(三)当事人的国别或地区

在挑选出的263个案例中,除中国外,贸仲委受理案件涉及的当事人来自新加坡、韩国、俄罗斯、哈萨克斯坦、波兰、坦桑尼亚、伊拉克、伊朗、突尼斯、乌克兰、埃及、菲律宾、马来西亚、蒙古、孟加拉国、南非、尼日利亚、苏丹、土耳其、新西兰、阿曼、斯里兰卡、匈牙利、印度尼西亚、保加利亚、冈比亚、格鲁吉亚、加纳、卡塔尔、老挝、罗马尼亚、越南、智利、阿尔及利亚、埃塞俄比亚、安哥拉、奥地利、希腊38个国家和地区。

在263件案件中,来自亚洲地区的当事人占总数的一半以上,来自欧洲地区的当事人的数量紧随其后,来自非洲地区的当事人数量亦占有一定比例。有22起案件的双方当事人均来自中国内地境外法域,涉及伊朗、韩

---

① 《中国国际经济贸易仲裁委员会仲裁规则》第81条规定:“仲裁语言

(一)当事人对仲裁语言有约定的,从其约定。当事人对仲裁语言没有约定的,以中文为仲裁语言。仲裁委员会也可以视案件的具体情形确定其他语言为仲裁语言。

(二)仲裁庭开庭时,当事人或其代理人、证人需要语言翻译的,可由仲裁委员会仲裁院提供译员,也可由当事人自行提供译员。

(三)当事人提交的各种文书和证明材料,仲裁庭或仲裁委员会仲裁院认为必要时,可以要求当事人提供相应的中文译本或其他语言译本。”

国、中国香港特别行政区、新加坡、罗马尼亚、新西兰、哈萨克斯坦等国家或地区,这显示出贸仲委作为国际商事仲裁机构在国际商事争议解决领域的影响力已经逐步扩大,多个境外商事主体主动选择贸仲委且以中国内地作为仲裁地来解决他们之间的商事争议。

(四)案件的其他涉外因素

在案件所涉当事方均为中国主体的情况下,贸仲委受理的涉“一带一路”国家或地区案件还呈现出其他多样的涉外因素。

例如,在纳入统计的年度内,在贸仲委受理的多起案件中,争议标的涉及阿尔及利亚、安哥拉、巴基斯坦、几内亚、菲律宾、巴基斯坦、加纳、越南、智利、多哥、塞拉利昂、沙特阿拉伯、印度尼西亚等国家。这些案件中,或是争议所涉的项目位于以上国家,或是争议所涉的货物、设备等来自或即将出口至以上国家。

还有一些案件诉争货物涉及阿曼苏丹国、新加坡等国家;或是案件合同履行地在安哥拉、菲律宾、伊拉克、伊朗、哈萨克斯坦和沙特阿拉伯等国家;或是案件所涉设备安装和服务行为发生在蒙古国;或是案件所涉投资对象为设立在莫桑比克的公司等。

以上多样的涉外因素,反映出中国企业对国际货物买卖、国际投资、国际工程建设、跨境服务业等的参与度已极大提升。

(五)适用法律

在选取的案例中,绝大多数案件适用中国法。此外,如前所述,因案件多涉及国际货物买卖纠纷,因而《联合国国际货物销售合同公约》《国际贸易术语解释通则》等国际公约和国际贸易惯例也较多适用于案件争议中。

除国际公约和国际贸易惯例外，贸仲委受理的一些案件也选择适用外国法，如适用突尼斯法、新加坡法、哈萨克斯坦法等。

值得注意的是，在一起案件中，仲裁庭认定案件适用《由中华人民共和国向苏维埃社会主义共和国联盟和由苏维埃社会主义共和国联盟向中华人民共和国交货共同条件议定书》（以下简称《中苏交货共同条件》）。《中苏交货共同条件》于1990年3月13日在北京签订。苏联解体后，俄罗斯宣布继承苏联的所有国际条约。

贸仲委受理的涉“一带一路”国家或地区案件中适用外国法、国际条约、国际案例的案件数据统计分析如图2－2所示。

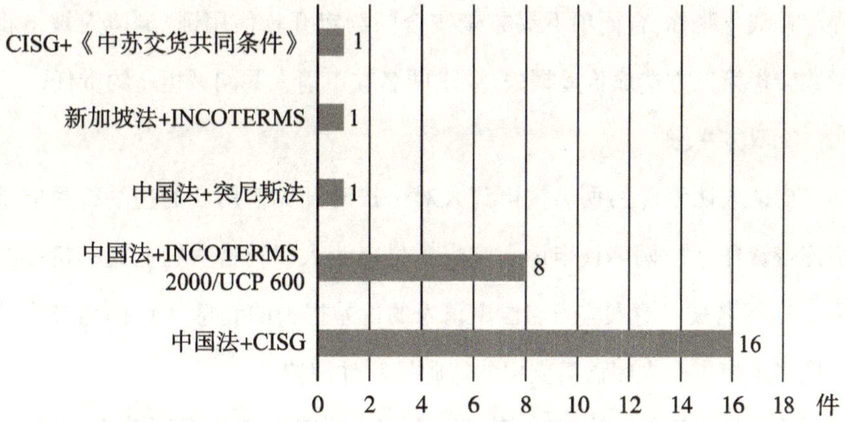

图2－2　贸仲委受理的涉“一带一路”国家或地区案件的法律适用选择情况

二、涉"一带一路"国家或地区典型仲裁案例

(一)国际货物买卖合同纠纷典型案例:韩国企业向中国出口镍矿石

1. 案件事实

该案申请人是一家韩国公司,第一被申请人是一家中国香港公司,第二被申请人是一家中国内地公司。申请人通过中间人向两被申请人发送了买卖合同文本,拟向中国买家出口镍矿石,合同文本中列明申请人为卖方、第一被申请人为买方,合同文本未经过申请人签字或盖章。之后,第二被申请人在合同文本上非签署栏之处加盖第二被申请人的公司印章,并通过中间人发送到申请人。申请人其后将第二被申请人加盖印章的合同加盖申请人自己的公司印章,再通过中间人发送到第二被申请人。后申请人提起仲裁主张称,合同项下买方未按合同约定开具信用证,申请人被迫将货物转售第三方造成价差损失,要求两名被申请人共同承担违约责任。

2. 双方主张

申请人认为:(1)两名被申请人对未按时开具信用证的违约行为应承担连带责任;(2)两名被申请人应当支付申请人因转售货物受到的价差损失;(3)两名被申请人应当赔偿申请人的价差损失的利息;(4)两名被申请人应当承担申请人因该案支出的律师费和仲裁费。

第一被申请人认为:(1)第一被申请人没有对案涉合同盖章,案涉合同及其中的仲裁条款均不能拘束第一被申请人;(2)第一被申请人也不是第二被申请人的代理人;(3)鉴于合同及仲裁条款均不能拘束第一被申请

人,第一被申请人不应承担任何违约责任。

第二被申请人认为:(1)第二被申请人没有作为买方达成案涉交易的意图,其在合同文本盖章的性质为确认合同文本内容,以便与申请人背后的第三方公司按照该合同文本订立合同;(2)合同之下所列买方不是第二被申请人,第二被申请人的盖章位置也不是合同签署栏。此外,合同文字显示只有双方均收到对方盖章合同的复印件后合同方生效,而第二被申请人并未收到申请人加盖印章的合同复印件。因此,第二被申请人和申请人之间不存在成立的买卖合同,不成立仲裁协议,第二被申请人不应承担违约责任。

各方当事人均同意以中国法律为本案争议的准据法。

3. 争议焦点

(1)本案中是否存在有效的仲裁协议?

(2)案涉合同是否成立;如果成立,受合同拘束的买方是谁?

4. 仲裁庭意见

关于第一个争议焦点,仲裁庭认为,鉴于第二被申请人在合同文本上已经加盖公章,申请人亦已在合同文本加盖公章,根据仲裁协议独立性的原则,申请人与第二被申请人之间存在有效的仲裁协议。关于申请人与第一被申请人之间是否存在仲裁协议,须分析全案方可判断。

关于第二个争议焦点,仲裁庭认为,判断合同是否成立,应依据双方是否发出有效的要约和承诺。案涉合同文本规定,只有买卖双方均收到对方盖章的合同的复印件,合同方成立生效。申请人通过其中间人发送的合同文本没有经过申请人盖章,该合同文本当时对申请人没有拘束力,因此不是有效的要约。而既然申请人第一次发送的合同文本不是有效要约,第二被申请人发送其加盖印章的合同文本也不是有效承诺。至于第二被申请人发送其加盖印章的合同文本的性质是否为有效要约,由于合同之下所列买方是第一被申请人,第二被申请人盖章的位置并非合同签署栏,申请人也未提供证据证明第二被申请人是第一被申请人的代理人而有权代表第一被申请人签约。因此,无法判断第二被申请人发送其加盖印章的合同文本之下的买方究竟是谁,该发送加盖印章的合同文本的性质不满足中国《合同法》之下对于“要约的内容必须明确”的要求,因此不是有效要约。进而申请人发送申请人盖章的合同文本,也不是对第二被申请人发送盖章合同文本的有效承诺。因此,案涉合同并没有在第二被申请人和申请人之间有效成立。

关于案涉合同是否在第一被申请人和申请人之间成立,由于第一被申请人没有签署合同,申请人也没有提交证据证明第二被申请人有权以加盖第二被申请人印章的方式代表第一被申请人签署合同。因此仲裁庭认为,第一被申请人和申请人之间没有成立有效合同,也没有成立有效的仲裁协议,第一被申请人不承担违约责任。

5. 裁决结果

仲裁庭驳回申请人的全部仲裁请求,裁决本案仲裁费全部由申请人承担。

6. 案例评析

该案系一起因国际货物买卖而产生的争议案件,除上述仲裁庭意见对该案实体问题进行的分析内容以外,该案涉及的两个签订跨境商事合同常见的问题值得重点关注。

第一,关于公司印章使用的问题需要特别考虑。在我国,公司之间签订商事合同通常都需要加盖公司印章,因公司印章使用而引发的合同效力问题比比皆是。然而,很多国家的公司并没有公司印章,通常只要有公司有权签字人的签字即可认定合同有效。因此,跨境商事合同签订中的公章使用问题更复杂,当事人在订立合同过程中如果没有对公司印章使用以及签字人的权限等问题作特别关注,那么在争议发生时就可能面临合同被认定为无效的法律风险。

第二,关于合同原件的问题需要特别考虑。在订立跨境商事合同的过程中,由于可能涉及多方当事人,并且各方当事人可能位于不同国家,因此要求各方当事人均在同一份文件上签字盖章,并且将经各方签字盖章的合同原件通过邮寄的方式返还给各方当事人,这在实践操作中程序烦琐,并且耗费时间,不利于商业活动的开展。然而,如果仅有传真件或扫描件,那么一旦争议发生,在诉讼或者仲裁程序中就可能会引发合同效力以及内容真实性方面的争议。因此,如果当事人在合同订立时选择交换合同传真件或扫描件,那么应当在合同中明确合同签订的方式,并确认合同传真件或扫描件与合同正本具有同等法律效力。

(二)委托合同纠纷典型案例:中国内地企业委托中国香港公司收购哈萨克斯坦公司

1. 案件事实

申请人为一家注册地为中国香港特别行政区的公司,被申请人为中国内地D集团的下属公司。申请人与被申请人签署了《代理协议》。双方约定由被申请人委托申请人作为排他代理人协助获得B公司的股份并获得相关政府的批准,完成转让。股权转让完成后,除给予前期费用外,委托人还应按约定的比例向代理人支付代理酬金和给予预期的权益。B公司为哈萨克斯坦公司,B公司所属的油田具有良好而稳定的原油资源储备。申请人的关联公司与B公司有长期原油贸易合作。

申请人在前期促成被申请人与B公司股东进行了多次协商谈判,但后来中国的F集团也加入了谈判,并参与投标。后F集团竞标成功,完成了对B公司股权的收购,但D集团尚未取得对B公司股权的确定权益。

2. 双方主张

申请人认为,由于中国F集团的加入,为避免内部竞争,在国家发展和改革委员会主持下,D集团公司和F集团公司协商同意确定在D集团公司已完成的前期工作的基础上,两家集团公司联合收购B公司股权。后F集团公司代表两家集团公司成功竞标,完成对B公司股权的收购。因此,申请人已履行了《代理协议》约定的海外收购代理义务,被申请人通过联合收购已完成了对B公司海外收购的全部事宜,被申请人理应向申请人支付代理费用。

被申请人认为,《代理协议》约定支付代理酬金的条件是被申请人获得B公司的股权,但被申请人至今未获得B公司股权,支付酬金的条件未能成就,申请人的仲裁请求没有事实和法律依据。

3. 争议焦点

(1)《代理协议》中关于代理酬金的支付条件是否已经成就?

(2)《代理协议》中约定的代理事项是否完成?

(3)被申请人是否应该对申请人关联公司和代理权预期收益的损失承担赔偿责任?

4. 仲裁庭意见

仲裁庭依据该案《代理协议》的约定,确定中国内地法律为本案争议的准据法。经审查,仲裁庭认可本案双方争议涉及的《代理协议》的性质为中国《合同法》中的委托合同。仲裁庭从双方在庭审过程中的辩论和其后提交的书面陈词,认定酬金的支付是有条件的,完成代理事项即完成交易就是酬金支付的条件。

对于该案《代理协议》中确定的目的是否达到的判断依据应该仅限于当事人是否取得其签署《代理协议》希望取得的结果。虽然有迹象表明在F集团完成对B公司股权收购后,D集团有索求权益的行为,但是没有明确的证据显示上述两家集团公司存在联合的情况。仲裁庭不能仅据此得出该案存在联合竞标或联合收购的结论。被申请人没有根据《代理协议》的约定取得B公司的股权,协议约定的目标应认定为没有达到。因而申请人依据协议的规定要求被申请人履行协议义务缺乏法律和合同基础。

在没有证据表明被申请人故意怠于履行合同义务、放弃竞标或隐瞒联合竞标收购真相而丧失收购B公司股权的情况下,仲裁庭认为被申请人没有违反《代理协议》第7条的规定,给申请人造成预期利润损失。

5. 裁决结果

仲裁庭驳回了申请人的全部仲裁请求,仲裁费全部由申请人承担。

6. 案例评析

在中国公司海外收购项目中,由于中国公司对当地目标公司以及经济政策、司法环境等情况不了解,中国公司经常需要第三方主体,通常是咨询公司、中介机构或中间人等的协助,以完成收购项目。然而,一旦收购项目完成,第三方主体向委托人请求支付报酬时,经常会就第三方主体是否完成了委托事项而发生争议。一方面,受托人主张其已经完成委托事项,要求委托人支付报酬;另一方面,委托人可能会主张受托人没有完成委托事项,或者委托的预期目的没有达到,抑或是收购项目的完成并非因为受托人提供服务的原因等,进而拒绝向受托人支付报酬。

针对上述情况,当事人在订立委托合同时,应当特别注意对于委托事项具体内容的约定,以及关于报酬支付条件的约定。此外,在合同履行过程中,当事人双方应当留意收集关于合同实际上如何履行的证据,一旦委托人与受托人就合同履行或报酬支付等问题发生争议,完整的资料保存有助于仲裁庭查明事实,进而认定法律关系,并就实体问题作出判断,最终作出裁决。

(三)建设工程合同纠纷典型案例:中国企业在蒙古国承包钻井工程项目

1. 案件事实

该案申请人为一家中国企业,被申请人为一家蒙古国企业。申请人与被申请人签署了《钻井工程承包合同》,约定由申请人承包钻井工程,被申请人支付相关费用。之后双方签署了《补充协议(一)》,对违约金作出了明确的约定。后来双方又签署了《备忘录》确认解除双方之间的《钻井工程承包合同》,并就剩余工程款、中国境内设备复原费等作出了约定。但在履行的过程中,双方产生了争议。

2. 双方主张

申请人主张,根据合同约定,被申请人有义务向申请人支付工程款。该案双方通过签署《备忘录》等文件,已确认了被申请人应付申请人的剩余工程款金额。同样,被申请人有义务向申请人支付设备复原费、设备从蒙古国施工现场返回中国的运输费、蒙方报通关费和逾期付款违约金,并应支付因没有给申请人足额工程量的违约金等款项。

被申请人认为:第一,申请人未履行相关合同义务,其完成的工作未经验收,未依约先向被申请人开具发票,故付款条件未成就;第二,由于申请人原因导致合同无法履行且申请人未完成约定的工作量,被申请人因此不必支付申请人设备复原费;第三,由于付款条件未成就,且申请人不履行相关义务,导致被申请人未向申请人支付相关款项,故被申请人不存在任何逾期付款行为,并且合同约定的违约金明显过高,应予调整;第四,被申请人依约有权调整申请人的年度工作量,被申请人对此不存在任何违约行为。

双方当事人均同意适用中国法律解决本案争议。

3. 争议焦点

被申请人向申请人支付工程款的付款条件是否已经成就?

4. 仲裁庭意见

仲裁庭认为:第一,在签订结算明细表之前,双方或已经完成了工程验收、资料交付等工作,或双方经协商同意,被申请人自愿放弃了合同中有关验收、资料交付的要求。出具英文形式发票是支付款项的必要手续之一,但不是付款的必需条件,因此被申请人的付款条件已成就。第二,申请人在某些年度未完成工作量,主要原因是由于被申请人没有提供足够的工作量,且所涉复原费已经过后续合同的确认,并且未对支付义务设定其他条件,因此被申请人应当支付。第三,申请人要求被申请人支付逾期付款违约金的请求合理,但考虑到合同约定的逾期付款违约金明显过高,应予以调整。第四,鉴于被申请人有权合理调整申请人的年度工作量,仲裁庭无法认定被申请人2012年的行为构成违约,2013年被申请人没有给申请人安排任何工作,则不能说是合理的。然而,考虑到申请人在《备忘录》中表示不再追究被申请人的责任,根据诚实信用原则,申请人现在无权向被申请人主张2013年工作量不足的违约金。

5. 裁决结果

仲裁庭裁决被申请人向申请人支付剩余工程款等款项及律师费,并承担30%的仲裁费。

(四)境外投资争议纠纷典型案例:中国企业在莫桑比克设立项目公司

1.案件事实

该案所涉当事人均为中国法人,争议的项目公司C公司是申请人在莫桑比克设立的,拟在莫桑比克利用当地石灰石矿产资源建设水泥生产线。申请人、第一被申请人、第二被申请人等签订了《投资协议》等文件,变更C公司的股权结构。根据该协议,第一被申请人和第二被申请人在毛里求斯设立离岸公司(S公司),申请人、第一被申请人和第二被申请人有义务使C公司的注册资本增加到3200万美元。申请人和两被申请人后签署了《备忘录》,C公司召开了第二次董事会,签字确认了C公司注册资本仍为640万美元,两名被申请人在《投资协议》中约定的2560万美元增资款转变为由两名被申请人通过S公司向C公司的借款,申请人将C公司80%股权转让给S公司。据此,S公司和C公司签订了《借款协议》。

至今,S公司投到C公司的资金仅到位了一部分。后C公司向国家开发银行借款,申请人明确拒绝为C公司融资提供担保后,各方发生争议。尔后C公司一直停滞至今。申请人和两名被申请人在该案项目的各方出资、融资、继续建设、赔偿损失等问题上发生争议。

2.双方主张

申请人主张,两名被申请人应通过S公司向C公司出资2560万美元,而两名被申请人利用其实际控股人身份,至今未将1280万美元出资到位,并对C公司的融资建设、经营不作为,导致项目停滞,两名被申请人已构成了违约,理应赔偿给申请人造成的利润损失。

被申请人主张,被申请人的出资义务已变更为通过S公司向C公司支付借款的义务,而就变更后的义务被申请人不存在任何违约情形。相反,申请人违背《投资协议》以及书面承诺中确定的融资担保义务,直接导致了项目融资失败、项目停滞。申请人违反协助C公司解决供电、确保项目建设及生产用电的义务,直接导致C公司根本无法建设、项目停滞。

3. 争议焦点

(1)两名被申请人向C公司是否履行了借款义务?

(2)该案项目贷款融资未成功的责任应当由谁承担?

(3)供电问题的责任应当由谁承担?

4. 仲裁庭意见

仲裁庭认为,《投资协议》约定的两名被申请人对C公司的出资义务已经变更为通过S公司以股东借款的形式投入,从变更后的约定来看,两名被申请人应通过S公司向C公司投入借款资金1280万美元的出资义务至今尚未完全到位。

各协议文件均未明确约定为融资贷款提供担保是申请人或两名被申请人的义务,亦未明确约定申请人或两名被申请人有义务保证融资贷款成功。因此,申请人和两名被申请人关于因公司融资失败而指责对方违约的理由不能成立。

供电问题发生变化最终没有得到解决的结果,应当属于投资风险,不能归责于申请人违约。仲裁庭还认为,虽然两名被申请人未完全履行向C公司的借款义务,但这并非构成C公司项目停止的全部原因。

5. 裁决结果

仲裁庭裁决两名被申请人向申请人赔偿可得利益损失及律师费,驳回申请人的其他仲裁请求,驳回第一被申请人、第二被申请人的全部仲裁反请求。

6. 案例评析

本案是典型的“一带一路”投资争议纠纷,涉及中国公司到境外其他国家利用当地资源设立并运营项目公司。在投资设厂的过程中,根据合作模式不同,可能产生的争议也有所区别。

第一,中国公司与中国公司合作在境外国家设立项目公司。在这种情况下,涉及的问题主要是中国公司可能对当地的法律、文化、习俗不够熟悉,与当地政府联系不够紧密,不容易得到当地的支持,甚至可能出现违反当地法律、政策等的情况。尤其应该关注的是当地的环境、劳工、税收等方面的法律法规,以免产生不必要的法律风险。

第二,中国公司与境外当地公司合资设立项目公司。这种模式一般主要是因为当地的公司掌握相关的技术或者享有某些政策的优惠,而中国公司可以提供相应的资金或技术。这种模式可以充分发挥中国公司和当地公司各自的优势,但在合作经营的过程中,很容易引发争议。比较常见的争议是:当地公司利用其优势条件,逐渐掌握对合资公司的控制权,使中国公司无法真正参与经营管理,尤其是在双方对公司的发展和经营模式产生争议的情况下,中国公司容易对合资公司的经营失去控制,或者导致公司决策层无法作出有效决策,公司经营管理陷入僵局。这要求中国公司在前期签订合资协议时应尽量对公司的决策机制以及高级管理人员的任命等问题作出有效的安排,以避免在争议中陷入不利的境地。

(五)技术合同纠纷典型案例:中国企业为在伊拉克使用的系统提供技术服务

1. 案件事实

该案双方当事人签署《系统开发合同》《需求追加合同》,约定由申请人向被申请人设计、安装物流条码系统。物流条码系统将在伊拉克使用。支付时间为被申请人确认需求说明书后支付30%;申请人完成项目实施、调试、安装和培训后支付50%;系统上线运行30日并经双方签署《系统初验报告》后支付10%;项目试运行结束,双方签署《系统初验报告》并运行5个月后支付剩余10%。

2. 双方主张

申请人主张,系统上线运行后,被申请人一直不对系统进行验收。除向申请人支付首笔款项外,被申请人不按照《系统开发合同》和《需求追加合同》的约定向申请人支付剩余合同价款,无限制地拖延项目进程。申请人就此与被申请人进行多次协商,均未能解决。申请人已依约完成项目实施、调试、安装和培训义务,被申请人应依约支付第二笔款,即合同标的额的50%。被申请人怠于履行软件验收义务导致双方未能签署相关验收文件,约定的结算条件已实质性满足,被申请人应当支付剩余全部货款。

被申请人主张，申请人开发的软件系统一直未得到被申请人客户的认可。在项目实施过程中，申请人未按照项目进度及时向被申请人提供《用户环境准备确认单》《模块实施完成确认单》等文档资料，提醒被申请人签字确认。申请人在未提前通知被申请人的情况下擅自单方停止了 VPN 服务，导致软件系统突然无法在伊拉克使用。被申请人不得不找人重新开发软件以满足客户需求，严重影响了被申请人的利益，给被申请人造成巨大的损失。因此，被申请人认为申请人没有全面履行合同义务，其开发的软件系统不符合需求。

3. 争议焦点

（1）第二期付款条件是否成就？

（2）第三期、第四期付款条件是否成就？

4. 仲裁庭意见

仲裁庭认为，申请人为被申请人开发的系统主体工作已经完成，相关实施、调试、安装、培训工作已经开展，尽管被申请人主张该项目尚存一些问题，但这些问题基本均属于在系统测试运行后才发现的问题，不影响第二期款项的支付。因此，仲裁庭认定，被申请人向申请人支付 50% 款项（第二期付款）的条件已经成就。

鉴于申请人在合同履行中并未向被申请人提出初验申请，双方亦未实际签署《系统初验报告》，仲裁庭认定被申请人向申请人支付初验后的 10% 合同款项（第三期付款）的条件尚不具备。

鉴于双方对系统初验的付款条件并不具备,申请人在合同履行中也未向被申请人提出终验申请,双方亦未实际签署《项目终验报告》。因此,仲裁庭认定,被申请人向申请人支付最后10%合同款项(第四期付款)的条件亦不具备。

5. 裁决结果

仲裁庭裁决被申请人向申请人支付合同总价款的50%及律师费,仲裁费用主要由被申请人承担。

6. 案例评析

该案系一起技术合同纠纷,虽然争议双方均为中国企业,但争议项下的技术使用地为伊拉克。近年来,随着中国企业技术开发能力的提升,类似该案"研发地在中国、使用地在境外"的技术服务合同项目大量增加,因合同解释、履行、结算发生的争议事项也有所增加。

在技术服务合同中,常常涉及项目的实施、调试、安装和培训等多项服务,这些服务往往涉及不同的阶段,也对应着相应的付款条件。由项目验收和付款条件引起的争议在技术合同中比较常见。

第一,合同一般约定将通过验收作为付款的条件,在跨境交易中,一般采取出具验收报告的方式来确认验收的完成。但即便未实际进行验收,根据现有证据材料足以认定相应设备、工程等已进行了调试或安装,或虽未调试或安装,但已实际投入使用,付款条件也可能被认定为已经成就。

第二,合同约定的付款条件涉及双方最关注的问题,如每一期付款条件的设定不当，在实践中极易引起争议。付款条件的设置应涵盖当事人所关注的重要问题。在该案中，被申请人关注的是软件系统是否存在问题、能否正常使用，但这并不是第二期款项支付的条件。只要申请人完成项目实施、调试、安装和培训义务，被申请人即应依约支付第二期款项。因此，国际商贸的主体在合同磋商、拟定和履行中应特别关注付款条件的设置，以避免可能发生的争议和法律风险。

三、对中国当事人涉“一带一路”争议处理的启示和建议

“一带一路”建设的推进无疑将会带动大量基础设施等项目的建设，同时还会伴有人员、物资、技术、资金的大规模跨境流动，这必将为中国商事主体提供丰富的合作发展机会，但风险与机遇相伴，积极参与“一带一路”建设不可避免地要面临引发争议的风险。在出现争议时，作为商事主体可能面临不熟悉东道国法律体系、仲裁裁决面临较大不确定性、败诉可能对当事人声誉产生不利影响、仲裁裁决执行遭遇困难等多方面的风险。

结合以上对贸仲委受理涉“一带一路”国家或地区争议的分析，本章节试图为中国当事人处理涉“一带一路”争议提供一些建议与启示。

（一）应重视争议解决机制的预先设计

2013～2018 年中国与“一带一路”国家或地区进出口总额超过 6 万亿美元，年均增长 4%；中国企业对共建国家或地区直接投资超过 900 亿美元，年均增长 5.2%。在共建国家或地区完成对外承包工程营业额超过

4000亿美元,共建国家或地区对华直接投资也超过了400亿美元。[①] 5年来,中国和共建国家或地区一道,在港口、铁路、公路、电力、航空、通信等领域开设了大量合作,有效提升了这些国家或地区基础设施建设水平,成果超出预期。[②] 中国商事主体对外参与东道国基础设施建设,往往采用政府和社会资本合作(Public-Private Partnership,PPP)[③]的模式。伴随如此数量巨大、规模庞大的基础设施建设,PPP项目可能产生的争议必然牵涉多方主体,所涉法律关系复杂。

争议解决机制作为保护投资人利益的最后一道防线,需要投资人在项目早期准备阶段就对将来可能发生的投资人、项目公司与东道国政府、国有公司等主体所产生争议的解决机制作出合理、有前瞻性的安排。在争议发生时,投资人往往会处于相对弱势的地位,因此,预先设计争议解决机制,能够在未来与东道国或其他政府部门、国有公司发生争议的情况下,使其能够主动将与项目合同相关的争议提交中立、公正、高效的国际商事争端解决机构。在商业投资之初,设计好争议解决的方式,会切实提高跨境商事活动的确定性。

在实际设计争议解决机制时,仲裁作为高效、专业、中立的国际商事争

① 《共建"一带一路"倡议:进展、贡献与展望》,载新华网:http://www.xinhuanet.com/silkroad/2019-04/22/c_1124400071.htm,最后访问日期:2019年6月20日。

② 《数说"一带一路"成绩单》,载一带一路网:https://www.yidaiyilu.gov.cn/jcsj/dsjkydyl/79860.htm,最后访问日期:2019年6月20日。

③ PPP是Public-Private Partnership的缩写,全称为政府和社会资本合作是指政府和社会资本合作,是公共基础设施中的一种项目运作模式。在这种模式下,私营企业、民营资本和政府合作参与基础设施的建设。

议解决方式成为诸多商事主体的选择。对不希望面对不熟悉的法院系统解决跨境争议的当事方来说，国际仲裁可以允许当事方自由选择争议适用法律、仲裁地、开庭地、仲裁庭成员、仲裁语言等多项要素。同时对比法院判决的执行难度，仲裁裁决因获得1958年《承认及执行外国仲裁裁决公约》（以下简称《纽约公约》）的保障更易得到执行。

（二）应重视仲裁条款的拟定

1. 谨慎设置仲裁前置条件

仲裁协议经常会设定仲裁前置条件，要求双方依次进行不同级别的谈判、调解或其他类似机制后方可提起仲裁。尽管在仲裁协议中设置前置条件的初衷是在真正进入争议解决程序之前，给双方充分的沟通和解时间，以达到友好解决争议的目的，但这样的设置往往不仅无法帮助双方友好解决争议，反而为及时提起仲裁程序设置了障碍。更有甚者，败诉方以仲裁没有满足前置协商程序申请撤销仲裁裁决。

中国当事人在参与“一带一路”建设的过程中，应当谨慎起草多层次的争议解决条款，以免受到繁重的仲裁前置条件的约束。

2. 重视约定仲裁地

国际商事仲裁中，仲裁地是一个法律概念，关涉仲裁程序的进行以及仲裁裁决的执行等重要方面。仲裁地是指仲裁的法律地或者司法管辖地。选择对仲裁友好的仲裁地对争议的解决非常重要。在实践中，仲裁地的中立程度、法律体制和国内仲裁法是否完善、公平，执行仲裁裁决记录是否良好等都会影响当事人的选择。

一般而言,仲裁地决定了仲裁裁决的“国籍”。在争议中,争议均由仲裁地法院进行监管。仲裁地法院有权决定作出临时措施、决定是否撤销仲裁裁决等。近年来,中国对仲裁的态度愈加友好,司法支持仲裁的立场日益明显,与仲裁相关的法律体系日益健全,中国已经受到越来越多涉外商事主体的青睐,成为国际商事仲裁地的热门选择之一。

3. 对仲裁机构的选择

贸仲委在历年发布的《中国国际商事仲裁年度报告》(以下简称《报告》)中,专门介绍了世界上主要仲裁机构的年度报告和案件数据统计,包括贸仲委、ICC、LCIA、SCC、SIAC、HKIAC 等。《报告》从受案量、案件当事人国别、争议类型、仲裁地、仲裁员、仲裁争议金额等角度分析总结了世界主要国际仲裁机构的受案特点,为中国当事人选择仲裁机构提供了参考。

在选择仲裁机构时,机构管理案件的效率、机构仲裁规则的设计、仲裁费用、年度结案率、仲裁裁决承认与执行的状况等都需要被纳入考察范围。综合研究表明,以贸仲委为代表的中国国际商事仲裁机构在世界范围内具有强大的竞争力和吸引力,以及深厚的发展潜力。

(三)应关注仲裁裁决的执行

在国际商事争议解决中,仲裁与诉讼是两种最常见的途径。因《纽约公约》的广泛影响力,承认与执行外国仲裁裁决相比法院判决更容易、便捷,在实践中国际商事主体选择仲裁作为跨境商事争议解决方式的居多。中国于 1987 年加入了《纽约公约》。截至 2019 年 9 月底,《纽约公约》的成员已增至 161 个。

根据联合国国际贸易法委员会官方网站上的信息,《纽约公约》161 个缔约方中,半数以上的缔约方作出了互惠保留,其中 74 个缔约方声明其适用公约仅限于承认和执行在另一个缔约方领土上作出的裁决,10 个缔约方声明对非缔约方领土上作出的裁决,其适用《纽约公约》仅限于提供互惠待遇的国家或地区。未作出任何互惠保留的缔约方有 77 个,非缔约方领土上作出的仲裁裁决,可以根据《纽约公约》在这些国家或地区申请承认和执行。即便如此,在选择仲裁地时,仍应尽量选择在《纽约公约》缔约方,以尽可能避免裁决得不到执行的风险。

另外,对于非《纽约公约》缔约方的合作方,中国商事主体应当重点关注该东道国或地区是否与我国签订了双边司法协助条约,或者考虑合作方是否在其他《纽约公约》缔约方拥有财产可供执行。

在与我国签署共建“一带一路”合作文件的 126 个国家或地区中,未加入《纽约公约》的仅有 48 个,其余 78 个国家均是《纽约公约》的成员国(见表 2-1、表 2-2)。

表 2-1 与中国签署共建“一带一路”合作文件的《纽约公约》成员

非洲	苏丹、南非、喀麦隆、几内亚、赞比亚、莫桑比克、安哥拉、尼日利亚、津巴布韦、阿尔及利亚、坦桑尼亚、布隆迪、乌干达、摩洛哥、马达加斯加、埃及
亚洲	韩国、蒙古国、新加坡、马来西亚、缅甸、柬埔寨、越南、老挝、文莱、巴基斯坦、斯里兰卡、孟加拉国、尼泊尔、阿联酋、科威特、土耳其、卡塔尔、阿曼、黎巴嫩、沙特阿拉伯、巴林、伊朗、阿富汗、阿塞拜疆、格鲁吉亚、亚美尼亚、哈萨克斯坦、吉尔吉斯斯坦、塔吉克斯坦、乌兹别克斯坦、泰国、印度尼西亚、菲律宾

续表

欧洲	俄罗斯、波兰、塞尔维亚、捷克、保加利亚、斯洛伐克、阿尔巴尼亚、克罗地亚、波黑、黑山、爱沙尼亚、立陶宛、斯洛文尼亚、匈牙利、马其顿、罗马尼亚、拉脱维亚、乌克兰、白俄罗斯、摩尔多瓦
大洋洲	新西兰
南美洲	乌拉圭、委内瑞拉
北美洲	巴拿马、特立尼达和多巴哥、安提瓜和巴布达、巴巴多斯、古巴、牙买加

表 2-2 与中国签署共建"一带一路"合作文件的非《纽约公约》成员

非洲	塞内加尔、塞拉利昂、科特迪瓦、南苏丹、加蓬、纳米比亚、吉布提、埃塞俄比亚、乍得、冈比亚、多哥、索马里、塞舌尔、加纳、毛里塔尼亚、肯尼亚、刚果布、佛得角、卢旺达、利比亚、利比里亚、突尼斯、赤道几内亚
亚洲	也门、东帝汶、马尔代夫、伊拉克、塞浦路斯
大洋洲	巴布亚新几内亚、萨摩亚、纽埃、斐济、密克罗尼西亚联邦、库克群岛、汤加、瓦努阿图
南美洲	智利、圭亚那、苏里南、厄瓜多尔、秘鲁、玻利维亚
北美洲	哥斯达黎加、多米尼加、格林纳达、萨尔瓦多、多米尼克
欧洲	奥地利、马耳他、葡萄牙、意大利、希腊、卢森堡

以上数据说明,上述78个签署共建"一带一路"合作文件的国家或地区作为仲裁地的商事仲裁裁决可以在中国得到承认与执行,中国的仲裁裁决也可以在这78个共建"一带一路"合作国家或地区被承认与执行(受限于该国或地区在加入《纽约公约》时作出的具体保留)。

根据2015年6月16日最高人民法院发布的《关于人民法院为"一带一路"建设提供司法服务和保障的若干意见》,提出:"要正确理解和适用《承认及执行外国仲裁裁决公约》,依法及时承认和执行与'一带一路'建设相关的外国商事海事仲裁裁决，推动与尚未参加《纽约公约》的沿线国家或地区之间相互承认和执行仲裁裁决……要探索司法支持贸易、投资等国际争端解决机制充分发挥作用的方法与途径……支持‘一带一路’建设相关纠纷的仲裁解决。”据此，中国与参与“一带一路”沿线国家或地区之间相互承认与执行仲裁裁决更有保障。

四、建立涉“一带一路”纠纷解决机制的展望

(一)仲裁作为争议解决机制的优势

仲裁作为商事主体选择在公正独立的仲裁庭前进行的争议解决方式，其源自当事人所签署的协议，同时也受国家法律的监管并由其执行。除上文中提及的仲裁裁决因《纽约公约》更方便得到承认与执行外，仲裁作为争议解决机制，还存在以下明显的优势。

仲裁提供了中立的争议解决机制，国际合同的一方当事人通常希望避免在另一方当事人所在地的法院解决争议，而倾向选择国际化的仲裁庭、在相互接受的仲裁地、适用国际通用的规则来实现争议的解决。

仲裁对比通常公开审理的诉讼，无疑可以提供更高的保密度。虽然不同法域的仲裁法所赋予的保密程度有所不同，但当事人有权在仲裁协议中进一步明确仲裁的保密程度，这对于重视保密的商事争议来说，无疑十分关键。

仲裁员的相关专业知识或经验有助于实现案件审理的公正与公平。仲裁所赋予当事人选择仲裁员的权利，使当事人得以自行选择具有所涉争

议背景知识与经验的仲裁员。

相比法庭程序规则,仲裁规则一般较简单且灵活度高。对于跨境争议的当事人来说,仲裁规则相对更易理解。在个案适用过程中,当事人可以通过进一步协商确定案件程序以配合当事人之间的关系及争议的性质,从而使双方可以将工作重点更多地放在争议实体问题上。

仲裁的一裁终局性、裁决对于费用承担的责任划分实际节省了当事人处理争议的成本。当事人为解决争议可能付出了仲裁费、律师费、差旅费等多项费用,仲裁中"cost follows the event"①的原则,使仲裁庭一般会在裁决中对于仲裁费、律师费等费用的承担作出划分,明确当事方具体承担的费用比例。另外,当事人可以自由商定为其争议订制特别的程序来降低成本。同时,仲裁通常约定当事人不对裁决的任何实质争议享有任何上诉权,因而可以省去继续进行法律程序的时间和成本。

(二)中国促进建立"一站式"国际商事纠纷多元化解决机制的努力

2018 年 6 月中共中央办公厅、国务院办公厅印发了《关于建立"一带一路"国际商事争端解决机制和机构的意见》[以下简称《意见》(一)]。根据《意见》(一),最高人民法院设立国际商事法庭,牵头组建国际商事专家委员会,支持"一带一路"国际商事纠纷通过调解、仲裁等方式解决,推动建立诉讼与调解、仲裁有效衔接的多元化纠纷解决机制,形成便利、快捷、低成本的"一站式"争端解决中心,为"一带一路"建设参与国当事人提

① "cost follows the event"的原则是指仲裁程序中败诉方需要向胜诉方支付其因案件支出的仲裁费及律师费等。

供优质高效的法律服务。

在此之后,2018 年 11 月 13 日最高人民法院办公厅发布了确定首批纳入“一站式”国际商事纠纷多元化解决机制的国际商事仲裁及调解机构。综合考虑各机构前期受理国际商事纠纷案件的数量、国际影响力、信息化建设等因素,贸仲委被确定作为首批纳入“一站式”国际商事纠纷多元化解决机制的仲裁机构。

随着 2018 年 11 月 21 日最高人民法院办公厅发布《最高人民法院国际商事法庭程序规则(试行)》(以下简称《国际商事法庭程序规则(试行)》),支持仲裁解决纠纷正式被写入该规则。《国际商事法庭程序规则(试行)》第 34 条、第 35 条特别规定,标的额人民币 3 亿元以上或其他有重大影响的国际商事案件的财产保全以及由国际商事仲裁机构作出的裁决的撤销或执行,均可以由国际商事仲裁机构或当事人将申请提交至国际商事法庭,由其依法作出裁定。

国际商事法庭的设立,以及贸仲委等仲裁和调解机构被纳入首批“一站式”国际商事纠纷多元化解决机制的仲裁机构,都反映出我国在推动涉“一带一路”国家纠纷解决中,不断推进多元化争议解决方式的趋势,同时也说明贸仲委作为我国历史最悠久的国际商事纠纷仲裁机构,在受理、管理涉“一带一路”国家争议方面的明显优势。

此外,2018 年 12 月 31 日中共中央办公厅、国务院办公厅发布了《关于完善仲裁制度提高仲裁公信力的若干意见》[以下简称《意见》(二)]。《意见》(二)提出,要提高仲裁服务国家全面开放和发展战略的能力,认真贯彻落实中央有关建立“一带一路”国际商事争端解决机制和机构的部署要求,积极开展“一带一路”沿线国家或地区投资贸易争议解决法律制度和机制的研究,建立“一带一路”国际商事争端解决仲裁机制和组织。

(三)贸仲委《国际投资争端仲裁规则(试行)》的发布

投资者与东道国之间的投资纠纷解决是“一带一路”倡议下一个需要关注的重要主题。我国与“一带一路”沿线国家或地区之间多为能源和基础设施建设项目的合作,这些项目通常需要投入巨大的人力物力,且时间跨度长、领域跨度宽,在实践中往往需要东道国政府的支持。在出现争议时,情况也往往较复杂。

2017 年贸仲委发布了《国际投资争端仲裁规则(试行)》,弥补了我国在国际投资仲裁领域的空白,符合我国“一带一路”建设的实际需要。多数“一带一路”沿线国家或地区的投资法制并不十分完善,法律风险较高,制定投资仲裁规则能够为我国企业提供解决与东道国投资争端的制度化保障,平等保护投资双方当事人的合法权益,服务国家“一带一路”倡议的建设。

贸仲委《国际投资争端仲裁规则(试行)》设定了专门解决国际投资争端的《仲裁员名册》,同时允许当事人可以共同约定在该名册之外选定仲裁员,但需得到仲裁委主任的确认。根据该规则,除非当事人另有约定或仲裁庭另有决定,开庭审理应公开进行。另外,贸仲委《国际投资争端仲裁规则(试行)》还规定了第三方资助的相关内容,当事人以外的自然人或实体可以协议承担参与争议的一方当事人在仲裁程序中的全部或部分费用。

获得第三方资助的当事人负有披露义务，仲裁庭也有权命令获得第三方资助的当事人披露相关情况。

贸仲委在国际投资活动快速发展、我国对国际投资活动的参与度越来越高的背景下，适时出台《国际投资争端仲裁规则（试行）》，进一步提升了我国国际仲裁机构在国际商事解决领域的竞争度，为涉“一带一路”国家或地区争议的解决提供了更加完备的服务。

至今，“一带一路”建设已经进入第6个年头，随着“一带一路”建设的不断推进，中国进一步开放市场，积极与国际接轨的姿态也显著延伸至争议解决方面。“一带一路”建设涉及的项目规模庞大，涉及的交易种类多样，在面对如此大规模、多层次的国际商事活动之时，多元化纠纷解决的重要方式之一——仲裁成为多数国际商事主体的首选。在此背景下，我国也积极开拓、支持多元化纠纷解决机制建设，以此为“一带一路”建设保驾护航。

第三章 中国金融仲裁实践观察
——以资产管理业务为视角

过去数年间,中国金融市场可谓发展和问题并存。一方面,市场规模日趋庞大,业务品种不断增多,市场基础设施更加健全,法律及监管制度体系不断完善,人民币国际化及资本市场的对外开放出现一些突破,金融活动已越来越深地渗透社会经济生活的方方面面,金融经济已经成为中国整体经济越来越重要的核心组成部分。另一方面,金融市场发展过程中也暴露出了诸多问题,如部分业务体量膨胀过快、创新活动过度、产品结构过分复杂、市场交易链条过长、监管套利行为盛行、债务杠杆过高、资金成本高企、合规风控不足、市场诚信欠缺、金融相关基础法律制度体系尚有欠缺、监管政策多变且时而执行失度。这些因素叠加经济下行和经济结构调整等宏观因素,直接或间接地导致了这几年中国金融市场纠纷案件的爆发式增加,大案、复杂案件频现。

以贸仲委为例，[①]2013～2018年贸仲委受理的金融类案件数量从2013年的236件增至2018年的879件，金融类案件数量占全年总案件数量的比例从18.79%增至29.68%，金融类案件标的额占全年案件标的总额的比例从2013年的19.43%，上升到2018年的58.82%的峰值。尽管期间有所波动，但总体指标呈快速增长态势。金融案件的高占比情况在中国整体仲裁市场的数据统计中也有类似反映，2018年中国国内各仲裁机构共受理案件4871件，其中金融类案件1752件，占比高达35.97%，金融类案件标的额达到人民币530.8亿元，占到案件总标的额的71.11%。

与其他商事纠纷案件相比，金融纠纷案件的处理可能更复杂，新类型案件的个案处理可能对市场的影响更大。主要原因在于：现代金融产品本质上都是一种法律拟制，都是有关收益和风险的交易合约安排，都是相应的法律关系主体之间的交易权利义务的组合设计，在实践中具有高度的可复制性和普遍采用性；金融交易涉及的法律类别更多，除合同法外，还时常与公司法、证券法、破产法、担保法等诸多基本商事法律直接相关，因此其中牵涉的法律问题可能是复杂而多重的；同时，金融市场是受监管的市场，业务开展以及纠纷处理也受制于纷繁复杂的监管制度体系，监管问题经常是处理金融案件的重要考量因素。

金融市场的良好发展以及创新活动离不开金融法律制度体系的有效

---

① 根据争议性质和贸仲委案件分类标准，本章将贸仲委受理的以下四类具有金融特性或涉及金融行业的案件合并统计为金融类案件：金融类案件、融资租赁类案件、民间借贷类案件、股权投资和股权转让类案件。

支撑,同样,金融纠纷的处理也需要依托相对完善的法律制度体系。目前处理金融纠纷面临的最主要问题是,对于涉及新型、复杂金融交易的纠纷案件如何在遵循市场交易逻辑的基础上准确定性交易,以及交易主体之间的法律关系。鉴于整体金融市场的庞大复合特性,其包括诸多细分市场领域,交易类型、纠纷类型以及涉及的法律问题繁多,因此,难以以有限的篇幅对其进行较全面的概述和分析。为了更好地说明近几年中国金融市场纠纷发生及处理的特点以及共性问题,本章选择以近几年业务发展最迅猛、市场交易规模巨大、涉及法律问题相对复杂多样以及违约纠纷频发的资产管理业务为视角,就金融纠纷案件处理的最新发展、问题和挑战进行论述和分析。

一、金融纠纷法律观察——以资产管理业务为例

(一)资产管理业务的发展与问题

资产管理业务,是指银行、信托、证券、基金、期货、保险资产管理机构、金融资产投资公司等金融机构接受投资者委托,对受托的投资者财产进行投资和管理的金融服务。此外,市场上还存在一些没有相应的金融牌照或许可的机构以资产管理业务为名开展的资产管理类似业务。

从我国资产管理业务的发展历程来看,其发展轨迹与中国金融市场长期实行的银行、信托、证券和保险机构分业经营、分业监管模式有关,更与传统金融服务(以银行贷款为主的市场融资业务)难以满足中国经济发展过程中的融资需求有关。应该说,资产管理业务在一定程度上突破了分业

经营、分业监管的制度限制，并在相当程度上满足了金额上不断增加和形式上不断变化的融资需求。

2001年10月1日我国《信托法》的颁布施行，使信托机构回归信托本业，开启了基于信托法律架构的资产管理业务。[①] 按照相关的信托法律监管制度，信托公司在开展信托业务时，与其他类型的金融机构相比，具有一个非常独特而明显的优势，即几乎没有业务范围的限制：既可以从事各类债权产品投资，也可以从事股权投资；既可以投资金融机构的股权，也可以投资企业的股权；还可以投资具体的资产和项目，或设计各类结构化安排。因此，信托机构和信托工具自然就成为开展资产管理业务的最适格机构和最佳业务工具。

其他各类金融机构纷纷借助购买信托产品的方式与信托公司展开业务合作，实现业务扩展。最早的合作就是银行与信托的合作（部分原因是两者同属中国银行保险监督管理委员会[②]管辖），银行通过银信合作模式，借助信托平台拓展中间业务，做大表外资产，银行的资产管理业务规模得以迅速扩大，信托机构的业务量也随之迅速膨胀。

随后，中国证券监督管理委员会（以下简称证监会）、中国银行保险监

---

① 《信托法》第2条规定："本法所称信托，是指委托人基于对受托人的信任，将其财产权委托给受托人，由受托人按委托人的意愿以自己的名义，为受益人的利益或者特定目的，进行管理或者处分的行为。"

② 2018年3月，第十三届全国人民代表大会第一次会议表决通过了关于国务院机构改革方案的决定，将中国银行业监督管理委员会和中国保险监督管理委员会的职责整合，组建中国银行保险监督管理委员会。为行文方便，本章中提及中国银行业监督管理委员会、中国保险监督管理委员会，均分别简称银监会、保监会。

管委员会(以下简称银保监会)逐步放松对其分别下辖的证券类机构(证券公司、基金管理公司及其子公司、期货公司、期货子公司)和保险类机构(特别是保险资产管理公司)的业务管制,允许并积极鼓励其下辖机构开展资产管理业务。因此,几乎各类金融机构都开展了资产管理业务,并形成了在资产管理业务领域的混业经营和业务同质化竞争格局。同时,市场上出现了相当数量的第三方理财机构,这些机构从代销各类资产管理产品开始,逐步形成自己的资产管理产品开发和销售业务,但这些机构不是金融机构,没有适用于其的严格监管制度。

自2012年开始,随着政府鼓励金融创新,资产管理业务实际成为整个金融市场最热门和发展最迅速的业务,截至2018年年末,资产管理市场总规模已经达到约人民币124.03万亿元。[①] 其中,绝大部分从交易功能或性质上来讲都是债权即固定收益类产品,权益类产品的比例偏小,且许多产品尽管采用权益类的形式,但实质仍然是债权类产品。应该说,资产管理产品在相当程度上满足了经济快速扩展过程中对融资的需求,而这种需求在相当程度上难以通过传统的银行贷款融资方式得到满足。正因为资产管理产品实际主要扮演了债务性融资工具的角色,实质上发挥与银行贷款业务类似的功能,因此也被称为影子银行业务。

但在过去的几年里,资产管理业务在迅速发展的过程中,也出现了诸

① 由中国证券报、中国财富研究院、星石投资联合编著的《2018年中国资产管理行业报告:回归本源与对外开放,大资产管理时代再启航》指出,由于对新的监管框架市场预期充分,资产管理市场规模保持稳定。目前资产管理总规模约人民币124.03万亿元(银行理财规模截至2018年5月,其他截至2018年6月),较2017年年底略微有回落。

多问题，主要有以下几个方面。

1. 刚性兑付

从严格意义上来讲，资产管理人在资产管理业务中担任的仅是投资管理职责，不是资金使用人或融入资金方，金融机构与资管产品投资者之间并非是债权债务关系，如果资产管理产品最终失败，投资者应当自行承担投资风险，资产管理人并不负有保证兑付预期收益的义务。但在市场实践中，资产管理人，特别是作为金融机构的资产管理人，为了维护自己的市场信誉，为了确保后续产品的持续顺利发行，以及为了避免受到监管机构的处罚（监管机构在面对个人投资者投诉乃至采取不理性行为的压力时，有时也强行要求作为管理人的金融机构对产品进行兑付），往往在产品自身出现投资兑付风险或困难时，使用自有资金或挪用其他资管产品的资金对到期产品进行兑付，这就是所谓的刚性兑付（implied guarantee）。渐渐地，当产品与产品不再严格区分或相互独立时，资产管理业务就变成了资金池经营模式，并容易演变为“庞氏骗局”。事实上，这样的事例已经频现，部分产品或机构（特别是那些非金融机构的第三方理财机构）的此类业务涉及的金额多达数十亿元人民币，甚至数百亿元人民币，造成了巨大的社会风险事件。

2. 监管套利盛行、资金成本高企

由于分业监管的体制，监管机构之间缺乏必要的协调，甚至存在一定程度上的监管竞争，从而导致不同类金融机构在开展资产管理业务时，适用的业务监管要求并不统一，而存在诸多的差异，进一步导致市场上监管套利、开展通道业务的行为盛行，大量的金融资源在金融市场和金融机构之间打转，一方面增加了最终的资金成本，另一方面也自然增加了产品违约或失败的风险。

3. 产品结构复杂、底层资产质量不良

出于避开监管限制、实现监管套利、满足多个业务参与主体之间的利益分享需要以及产品增信安排等多种原因，资管产品时常呈现结构复杂、交易链条过长的特征；同时，此类产品所最终依赖的底层资产往往并不优质。这些因素最终致使相应的资管产品在实践中的违约或失败风险偏高。

4. 管理机构不尽职

由于监管制度的欠缺以及专业诚信度的不足，市场上的资产管理机构特别是那些几乎不受监管的非金融机构的资产管理机构，在开展资产管理业务（以下简称资管业务）的过程中，存在诸多的不专业、不审慎、不规范、不尽职以及利益冲突、利益输送等不良管理行为。

随着资管业务体量的迅猛增长，资管业务中存在的上述这些问题也逐渐显露出来，相关市场风险不断累积，以致存在引发金融市场系统性风险的可能。意识到这些潜在的巨大市场风险，中央政府从2016年就开始重视风险控制，并把金融风险控制列为三大政策目标（另两项分别是精准扶贫和环境治理）。为此，经过半年多的酝酿和起草准备，《关于规范金融机构资产管理业务的指导意见》（以下简称资管新规）终于在2018年上半年正式颁布实施。

资管新规通过准确定义资管业务、明确资管机构的主动管理职责、禁止刚性兑付和资金池业务、限制通道业务、简化交易结构、压缩业务链条和层级、注重底层资产等多方面具体而统一适用的监管要求,来规范资产管理业务,提升业务质量,控制市场业务风险。在新的监管格局下,资产管理行业规模增速明显放缓,并起到了迅速降低市场融资杠杆的效果。

回顾资产管理业务的发展历程不难发现,监管路径仅在过去数年时间内就走了一个由放松管制、鼓励创新、业务爆发、杠杆提升、违约增多、风险累积到加强监管、限制业务、降低杠杆和严控风险的循环过程。资产管理监管政策的前后快速变化直接导致了一些交易的延续困难和失败,一时得到认可甚至鼓励的交易,可能随后就被新的监管规定所禁止。此外,资管新规也存在部分内容失当、不符合市场交易的运行逻辑、甚至可能限制和侵犯了属于交易主体意思自治的私权权利等不足,其快速而强制的实施,使市场流动性受到影响、市场交易迅速萎缩,导致产品难以接续、违约频发,以致旨在控制金融市场风险的监管规定,其不当的内容规定及其实施却在相当程度上直接造成或加剧了市场风险。正是由于意识到了这一风险,中央政府在2018年下半年就迅速调整了政策,弱化了2018年上半年实施的一些强势刚性的监管做法,同时出台了一系列相对宽松的市场流动性措施。

(二)资产管理业务纠纷处理中的挑战

金融产品法律拟制的特性和金融市场强制监管的特性共同决定了对金融纠纷案件的处理相较对其他类型的纠纷案件处理更加依赖完善的金融法律制度体系,而目前无论是法律制度还是监管政策,对于快速发展变化的金融市场均显得应对不足,这种情况增添了金融纠纷裁判处理的不确定性风险,为金融案件的恰当、公平裁判带来了诸多挑战。

第一,法律制度方面的挑战表现为基础法律构建不足。诚然,中国已经形成了一套较完整的金融市场法律体系,但是市场上对某些基本问题仍缺乏明确的法律定性,如各类金融机构管理的资产管理产品的性质问题。《信托法》一般被认为是资产管理业务适当的法律基础,但是鉴于中国市场长期以来实行分业监管的基本模式,非信托金融机构无法开展信托业务,导致了只有信托产品和证券投资基金可以被定性为信托法律关系,而由银行、证券公司等非信托金融机构管理的极为类似的资产管理产品无法被准确定性为信托法律关系。为了避免突破分业监管原则,非信托金融机构管理的资产管理产品的法律性质问题也被忽略。由此,非信托金融机构的资产管理业务只能以合同法为依据进行安排和监管,但在实践中经常出现的问题是,非信托金融机构作为资产管理产品管理人时的权责界限不清,其无法被定性为具有信托法上的受托人责任,而只能依据松散的、并且通常是模糊不清的合同条款承担责任。一旦该等机构发生管理不当行为,有可能轻易从合同责任中逃脱。而如果可以对其适用我国《信托法》,那么在裁判中就可以直接适用该法中信义责任的概念进行裁量处理。

除管理人责任问题外,明确资产管理产品的信托法律关系定性对于保护底层资产也意义重大。基于信托法律关系,管理人财产与信托财产是相互隔离的,这有助于纠正市场中的许多管理失当问题,比如,资金池、刚性兑付等。事实上,在资管新规的起草过程中,市场不乏要求澄清资产管理产品的法律性质为信托法律关系的呼声，但未能实现，其中部分原因是资管新规的效力等级较低、不能与我国《信托法》相违背。因此，要真正解决资产管理产品的法律定性问题，或许只有通过修改我国《信托法》、扩展信托的含义，明确信托业务（包括但不限于资产管理业务）可以由任何金融机构（包括但不限于信托机构）开展。

此外，市场金融的诸多创新实践做法也需要法律的明确规定。比如，金融交易实践中常见的各类增信安排的法律效力问题，如差额补足义务、回购义务、所有权转让式担保等。这些增信安排与中国《物权法》制度下的保证、质押、抵押等担保制度具有类似的经济效果，却不能认定两者具有相同的法律效果。由于缺乏明确的法律定性，这些增信安排在法律上的有效性和可行性经常在纠纷处理过程中受到质疑。总体而言，立法有必要及时跟进金融市场的发展，及时对新问题、新操作给予回应。健全的金融法律体系是金融市场顺利发展和纠纷解决的必要保障，而法律缺位已经对金融纠纷的处理构成了巨大挑战。

第二，监管政策方面的挑战表现为多变的监管政策对裁判统一性的负面影响。目前出台的监管政策中不乏涉及具体合同条款安排的内容，在一定程度上来讲是对当事人意思自治的限制，比如，资管新规中就不乏限制交易双方之间的风险分担、投资比例等具体合同条款的安排。然而问题在于，一旦当事人未能遵守该等监管要求，并且达成了不符合监管要求的协议，该等合同安排是否有效？尽管我国《合同法》第52条及相关司法解释已经明确，只有全国人大及常委会制定的法律及国务院制定的行政法规才是判断合同无效的标准,但在司法实践中,法院可能会以违反公共利益为由而认定合同无效。该等裁判逻辑将对金融创新的有效性带来巨大的不确定性,也会对金融创新造成负面影响。

此外,在实践中,不同知识背景和对市场及交易有不同认识、理解的法官,对同类金融交易纠纷的处理,可能会作出不同的认定和裁判,如此也不利于对市场的发展产生积极导向作用。这给复杂多样的资产管理业务的纠纷处理带来的挑战值得关注。

二、对资产管理业务纠纷案件如何实现良好的仲裁裁判

(一)实现良好裁判的几个维度

1. 正确定性交易

对纠纷进行定性是所有裁判的首要问题,定性是“是与否”的问题,是决定一份裁判是否正义的基础。定性涉及两个基本方面:交易之定性和交易法律关系之定性。对于传统交易如贸易、运输、借贷等,交易的定性通常并不是一个很复杂的问题,甚至不需要特别关注,裁判机构只需调查清楚涉案合同的实际履行及其相关损失情况即可径直作出裁判,也即只要查明交易事实,相关争议方之间的法律关系性质便可一目了然,裁判者就可以很容易地直接适用相关法律进行裁判。

而对于复杂的金融交易,由于产品种类繁多、交易结构复杂、涉及多重法律关系,名实不符的现象频现,因此,对交易进行定性则更为棘手。在实践中,出于种种原因,一个实质为股权投资的交易可能在合同上体现为债

权交易(或相反),或一个性质简单的交易被设计安排成为一个复杂的交易组合或安排。对于这类交易纠纷之定性,既要看到整体交易背景、安排和最终交易目的,又要关注纠纷双方或多方之间的具体交易安排及其在整个交易架构中的位置,避免"盲人摸象",特别要避免拘泥于局部的合同文字约定。清晰的文字有时并不等于真实的意思表示,实质(交易目的、交易诉求)应重于形式(合同名称、条款文字安排)。

同时,裁判须尊重创新安排,对于新类型交易,要避免以交易经济功能分析来定性,或者用"旧的""宽泛的"交易概念套用新型交易。与之相反,定性创新产品需要紧密结合市场实践,调查新型交易是否已形成了市场惯例,由此避免由于个案裁判方向对整个市场、交易秩序产生的不良影响。

总结而言,对金融业务纠纷,尤其是资产管理业务纠纷的定性首先应是对交易本身的商业定性,然后才是对纠纷关系的法律定性,要既有整体定性,又有局部定性。而且,所有这些定性在交易逻辑上和法律逻辑上必须协调一致,唯有如此,才能实现裁判实践中所要求的正确定性,才能确保裁判的正确方向,才能真正实现公正裁判和定分止争。

特别值得提出的是,在实践中,当此类复合型交易业务产生损失或纠纷时,当事人有时会设计其案件策略,故意分拆案件,利用不同裁判机构之间缺乏协同性的特点以追求自己的最大利益或不当利益;或同时提起多个案件;或先后提起不同的案件。在这种情况下,由于缺乏一个机制来有效避免不同案件的裁判之间存在逻辑上的不一致、冲突或相反的裁处,特别是当前案裁判(已产生既判效力)给后案裁判造成技术性障碍时,或后案的产生是由于前案的不当裁判或未能真正解决实际争议时，如何在后案处理中做到整体关注、正本清源和最终的公平正义和定分止争，则更加需要依赖对整体交易逻辑和交易目的（相关当事人的真实意思表示）的分析，必要时需要非常技术化地把前案已经涉及甚至裁处的相关事项纳入后案一并处理。

2. 准确定量分析

金融交易的目的是实现金钱收益，因此现金交割是其基本履行形态，实际履行（specific performance）通常不是当事人的违约救济选择。因此，金融纠纷的处理结果即裁判通常表现为准确的需要支付的金钱数字，资产管理产品的交易文件更是通常对各方利益作出公式化的计算约定，定量分析就成为金融投资案件的必要裁判方法之一。

在通常情况下，在案件定性和责任划分后，有关利益分配、损失承担以及违约责任的金额计算就会进入仲裁庭的视野，却往往没有成为审理和裁判的重点。然而金融交易的本质确系价值交易，是基础资产未来现金流和风险的买卖，估值计算处于其核心位置。因此，仲裁庭有必要厘清当事人之间的经济往来，通过当事人事先约定或者事后达成的计算公式计算，精准地支持当事人的仲裁请求，实现当事人的经济诉求，尽可能减少裁决给付金额"酌情""酌定"的情况。在实践中，仲裁庭有时还需要结合交易性质，审视交易计算公式约定的合理性（如是否存在计算公式适用的合理边界或计算的极限值限制），审视当事人整体请求以及金额计算的合理性（如是否存在矛盾或重叠请求、重复计算的情形），并对可能导致背离交易安排实质目的的计算公式或计算结果或不合理请求进行纠正，而不是一味地依赖约定的计算公式，从而使最终裁判合乎交易逻辑和市场惯例。此类请求及计算问题在私募股权投资业绩补偿及股权回购纠纷中时常出现。

3. 充分考虑合规因素

金融业是受到严格监管的行业，合规是金融机构开展业务、从事交易的基本要求。金融机构在开展业务过程中，若存在不合规情形，不但要受到监管机构的相应处罚，同时对因其不合规而给交易相对方造成的损失应承担赔偿责任。因此可以说，合规因素是金融纠纷案件处理的基本考量因素之一。

由于监管规定的复杂性，从产品设计、销售到风险披露和妥善管理等，合规文件条款繁多，因而合规判断往往是一个复杂且技术性强的问题，既有基本合规原则的把握，又有诸多合规细节的审视。

在实际案件处理中，特别要关注的是，金融机构不合规行为与相对方所请求赔偿的交易损失之间是否存在直接的因果关系及金额计算上的对应关系。资产管理业务的基本原则是投资者责任自负，要避免投资者将正常的投资商业损失归责于管理人的不合规行为。

4. 损失与管理人妥善管理操作行为之间的因果关系

在金融纠纷处理过程中，确定交易损失与管理人的不当管理行为之间是否存在因果关系非常重要，就资产管理业务而言，由于市场的快速发展以及监管的滞后和监管制度体系的不完善，要证明管理人存在不合规行为，往往找不到明确的规则依据。此时，当损失的产生不能简单归于市场或其他第三方因素时,简单地适用“投资者责任自担”的原则有时会有失公平。

鉴于资产管理业务的特性,投资者和管理人之间不是买卖关系,而是投资者将金钱、资产依据信托合同或委托合同约定交给资产管理人进行管理、处分的业务关系。因此,应该在考量合法、合规因素之外,特别关注管理人是否尽到其应尽的妥善管理和操作的专业责任。这个专业责任并非是指或仅指合同中明确约定的管理人义务,而是指管理人作为专业理财机构在整个业务操作过程中是否尽到一个专业机构应尽的诚信、勤勉和信义(fiduciary duty)义务,如是否真正做到了将适合产品向适格投资者正常销售的义务,是否真正有效地披露了风险而不是形式上让投资者签署风险揭示确认书,是否在投资过程中面对市场的异常变化及时给予投资者必要的专业建议,是否采取了符合基本专业要求的操作和风险控制措施,是否合理避免了利益冲突等。诚然,若监管规则健全,此等业务操作过程中的专业要求通常会反映在监管规则之中。但无论如何,特别是当监管规则不够健全和细化的情况下,对管理人依据其受托管理人的身份而加诸其妥善管理操作的一般性责任或合理商业责任,是对公平处理资产管理业务纠纷来说非常具有实际意义的考量因素。

5. 裁判的价值取向——尊重创新、遵循市场惯例、保护诚信

金融市场是充满创新的市场,特别是借助新技术工具,业务创新更是层出不穷。而且,金融创新除市场基础设施建设、基本法律制度变革、监管模式改革外,在具体业务层面,却经常表现为是对既有市场监管制度的规

避和绕行，似乎是行走在监管的灰色地带。

在审理金融业务纠纷时，除从以上几个维度审视交易纠纷外，最终裁决还与裁判者的裁判价值取向密切相关，是严守现有监管规则还是认可市场创新，是重视严格套用既有规则还是更重视保护诚信。总体而言，市场总是在不断创新中发展的，裁判者应采取的合适态度是认可具有积极的社会和经济效用的创新活动，充分尊重商人之间基于公平诚信原则而进行的属于私人权益范畴的交易安排和利益处理，认可业已形成的市场惯例，维护交易秩序和交易活动的稳定性，确保正当交易结果的可预见性，保护交易诚信，而不宜过分拘泥于某些不合时宜的既有法律规定和监管规则，轻易去否定一个交易的合法性，也不宜完全站在监管者的角度去审视交易，轻易去裁定一个交易为违规交易。这样的例子在实践中是很多的，比如，互联网金融业务中的众筹业务，若严格从现有监管制度角度出发，其很类似须受到监管部门审批的公募行为，甚至形式上与非法集资行为也没有明显的区别。然而对于这类业务，只要是基于诚信、有助于提高社会资源的配置和利用效率、有利于促进经济发展和创造价值，就可以给予其宽容对待和认可。

（二）典型案例

1. 案例一：名股实债的法律关系界定

【基本案情】

新华信托股份有限公司（以下简称新华信托）与湖州港城置业有限公司（以下简称港城置业）、纪某某、丁某某签订了《湖州凯旋国际社区股权投资集合资金信托计划合作协议》(以下简称《合作协议》),协议约定:由新华信托募集人民币2亿~2.5亿元资金,其中14,400万元分别用于受让纪某某和丁某某的股份,其余全部增入港城置业的资本公积金,股份转让后,新华信托将持有港城置业的80%股份。

在签署《合作协议》之前,港城置业曾召开股东会决议,决定了向新华信托贷款人民币2亿~2.5亿元。《合作协议》签署之后,新华信托与纪某某、丁某某按照《合作协议》的约定,分别签订股权转让合同,纪某某、丁某某分别将其持有的港城置业56%、24%的股权有偿转让给新华信托;股权转让合同还约定了纪某某、丁某某作为转让方,要保证转让的股权具有合法性、积极办理股权相关的转让手续等双方应尽的权利和享有的义务等内容。新华信托为了保证《合作协议》的履行,与纪某某、丁某某签订了股权质押合同,并办理了质押登记手续,纪某某出质股权占港城置业股本总数的14%,丁某某出质股权占港城置业股本总数的6%。

股权转让合同签署后,新华信托向港城置业汇款,其中股权转让款为人民币14,400万元,资本公积金为人民币8078万元;新华信托亦指派相关人士担任港城置业董事。港城置业根据上述股权转让协议、股东会决议、港城置业新的章程、董事会决议等资料向湖州市工商行政管理局进行了工商信息变更。新华信托依法持有了港城置业的80%股权。

鉴于港城置业进入破产程序且破产管理人不予确认新华信托申报的债权,新华信托请求法院确认其对港城置业享有破产债权。法院认为,新华信托系港城置业的股东,对港城置业不享有债权,对新华信托的诉讼请求不予支持。

【法院观点】

法院认为,首先在名实股东的问题上要区分内部关系和外部关系,对内部关系产生的股权权益争议纠纷,可以当事人之间的约定为依据,或是隐名股东,或是名股实债;而对外部关系则不适用内部约定,按照我国《公司法》第32条第3款"公司应当将股东的姓名或者名称及其出资额向公司登记机关登记,登记事项发生变更的,应当办理变更登记,未经登记或者变更登记的,不得对抗第三人"之规定,第三人不受当事人之间的内部约定约束,而是以当事人之间对外的公示为信赖依据。该案是"港城置业破产清算案"中衍生的诉讼,处理结果涉及"港城置业破产清算案"的所有债权人的利益,应适用公司的外观主义原则。即港城置业所有债权人实际(相对于该案双方当事人来说)均系第三人,对港城置业公司的股东名册记载、管理机关登记所公示的内容,即新华信托为持有港城置业80%股份的股东身份,港城置业之外的第三人有合理信赖的理由。而港城置业的股东会决议仅代表港城置业在签订《合作协议》《股权转让协议》前有向新华信托借款的单方面意向,最终双方未曾达成借款协议,而是新华信托受让了纪某某、丁某某持有的港城置业股权,与纪某某、丁某某之间发生了股权转让的事实。如果新华信托本意是向港城置业出借款项,港城置业从股东会决议来看亦是有向新华信托借款意向的,双方完全可以达成借款合同,并为确保借款的安全性,新华信托可以要求依法办理股权质押、土地使用权抵押、股东提供担保等法律规定的担保手续。新华信托作为一个有资质的信托投资机构,应对此所产生的法律后果有清晰的认识,故新华信托提出的“名股实债”“让与担保”等主张,与本案事实并不相符,其要求在破产程序中获得债权人资格并行使相关优先权利并无现行法上的依据,故法院对其主张依法不予采纳。

【纠纷观察】

名股实债的交易结构在信托公司设立的信托计划中被广泛采用,主要动机是为了规避监管机构对于向房地产开发企业发放信托贷款的合规性要求。比如,信托公司发放贷款的房地产开发项目必须满足“四证”齐全、开发商或其控股股东具备二级资质、项目资本金比例达到国家最低要求等条件。如交易对手方无法满足监管规定的发放信托贷款要求时,则会考虑以股权的方式进入,以期降低合规风险。

典型的名股实债项目中,如果还款源于目标企业,通常小部分资金以股权投资款的形式进入目标企业,其他资金则通过信托贷款的方式提供给目标企业。而在该案中,新华信托与港城置业之间没有签署贷款协议,也没有形成任何其他债权债务法律关系。因此,在确认港城置业的破产债权时,仅能将新华信托认定为港城置业的股东而不能将其视为港城置业的债权人。

2. 案例二:调整当事人已经书面确定的股权回购款和现金补偿款金额

【基本案情】

2012 年 8 月 20 日某投资基金(申请人)与目标公司(第一被申请人)签订《增资扩股协议》,约定申请人以人民币 8000 万元认购第一被申请人新增注册资本62.5万美元(根据当时美元与人民币汇率,申请人是按照约20倍市盈率投资目标公司)。同日,申请人与目标公司原股东(第二、第三被申请人)签订《股东协议》,约定若目标公司2012年、2013年净利润达不到约定金额,则目标公司原股东应以现金方式补偿申请人;若目标公司未在2017年6月30日前在中国境内完成首次公开发行(Initial Public Offering,IPO),则申请人有权要求目标公司及其原股东回购申请人持有的目标公司全部股权。

因目标公司2012年和2013年的净利润均未达到约定金额,也未在2017年6月30日前实现IPO。2017年9月申请人、目标公司以及目标公司原股东共同签署《确认函》,约定目标公司及其原股东应在约定期限内向申请人支付股权回购款和业绩补偿款。

后因目标公司和目标公司原股东未按照《承诺函》的约定履行支付义务,申请人提起仲裁申请,要求被申请人支付股权回购款和业绩补偿款。该案的争议焦点在于,股权回购款以及业绩补偿款已经由双方签订的《承诺函》予以书面确认,但其中的金额计算与交易原理存在一定冲突,仲裁庭应否全部支持或作相应调整?

【裁判观点】

仲裁庭认为,从法律性质上来看,股权回购和业绩补偿是两种交易逻辑存在内在冲突的交易安排,特别是在同时提出此等请求时,则显得尤为明显。投资协议中的股权回购条款是一种附条件的终止或退出投资的条款,故股权回购属于终止投资交易关系的安排;而业绩补偿是投资人与目标公司及(或)目标公司实际控制人之间对当初的投资股权之价格根据投资后目标公司的经营状况(特别是利润指标实现情况)而进行调整的安排,并不影响投融资双方之间投资法律关系的存续。从经济角度来看,业绩补偿单独出现时是成立的,但是如果同时涉及或事后出现股权回购情形,则在计算回购价款时应把业绩补偿的因素考虑在内——因为股权回购价款的计算基础是投资价款,如果原先的投资价款后因业绩补偿而调整,则股权回购价款的计算基础必然发生变化,即原先投资本金部分必须扣除业绩补偿款。因此,从以上这两个角度来看,业绩补偿款和股权回购价款投资人不可兼得。在该案中,虽然《承诺函》确认了投资人有权同时获得股权转让款和业绩补偿款,但是仲裁庭根据交易原理,仍只是选择支持了申请人关于股权回购款的仲裁请求(选择了股权回购,业绩补偿自然就没有交易基础了)。

【纠纷观察】

仲裁庭透彻分析了两种常见“对赌”情形之间的关系。在定性层面,投资人要求目标公司及(或)大股东、实际控制人回购股权,隐含之意是要终止投资关系;而要求目标公司大股东、实际控制人给予现金补偿,隐含之意是要继续投资关系,故这两种请求权在法律逻辑上是自相矛盾的,投资人不应同时请求;即使同时请求,裁判者也不应同时支持,而应仅支持股权回购之请求(终止投资关系之内涵超过继续投资关系之内涵)。在定量层面,股权回购款的计算基数是投资人的实际投资金额,如果在投资关系存续期间获得现金补偿,则投资金额自然就(因收取补偿款)降低了,股权回购款的计算基数也理应相应调减,即投资人可能获得的股权回购款须扣除已获得的现金补偿。当然,如果投资人在投资目标公司期间未获得任何现金补偿,而在事后又同时主张现金补偿款和股权回购款的,那么裁判者仅需支持后者且计算基数无须调整。

在该案中,仲裁庭正是基于上述交易原理或逻辑,并未机械地全部认可《承诺函》的约定内容,即同时支持申请人的两项请求。或许在有些人看来,这种做法似乎否认了双方的意思自治,但笔者认为,裁判者对于双方当事人的约定当然应该尊重,但对于某些明显不合乎交易逻辑和计算逻辑的约定或交易安排,裁判者是可以予以适当调整的,只是需要加以充分说明而已。这与那种仅以所谓"公平""正义"为由而随意调整当事人之间约定的裁处是不同的。

3. 案例三:关于实际交易安排与标准合同文本约定之间的差异

【基本案情】

自然人B(申请人)与A期货子公司(被申请人)于2014年8月签订《金融衍生品交易主协议》(以下简称《主协议》)及《补充协议》,其主要条款内容直接针对的是场外金融衍生品交易。此后,双方又陆续签订了主要针对股票权益互换交易的《场外交易保证金及交易费标准》《场外权益互换保证金及交易费标准》等一系列协议,约定申请人向被申请人支付一定数额的初始履约金(保证金)并有义务将该金额保持在一定水平;如低于该水平,申请人应追加保证金;如其在某一时点为负数,申请人应赔偿被申请人的损失;申请人应向被申请人支付一定比例的额度使用费(实为资金占用费),而申请人则有权获得浮动收益(实为股票投资收益)。在协议履行过程中,申请人的保证金在2015年9月时为负数,被申请人对申请人的账户进行平仓。2015年11月在申请人关联方将开在被申请人处账户内的保证金合并至申请人账户后(账户合并后申请人保证金数额满足进行交易的合同约定),申请人与被申请人重新开始交易。2016年1月底,申请人的保证金余额再次变为负数,被申请人对申请人的账户进行了强制平仓,并终止了双方之间的系列协议,双方争议随之产生。

申请人认为,双方签订的系列协议实为场外股票融资协议,违反我国《证券法》以及有关监管规定,应认定为无效。而根据某些裁判指引以及地方法院的司法实践,也认定在股票触及平仓线而配资方(提供融资的一方)未能及时平仓的情况下,对于超过平仓线的损失应由配资方即被申请人承担。被申请人则认为,双方签订的系列协议系约定双方进行以股票为标的的权益类互换业务,不存在违反法律、行政法规效力性强制性规定的情形,合法有效;被申请人在申请人账户内保证金不足时强制平仓,符合约定;被申请人不仅无须向申请人赔偿任何损失,申请人还应向被申请人赔偿保证金敞口损失。该案的争议焦点是双方的交易类型以及所签订系列协议的效力。

【仲裁庭意见】

仲裁庭认为,尽管双方签署了旨在规制金融及商品衍生品业务的《主协议》和《补充协议》(属于市场上的标准格式化主协议)以及后续一系列具体交易协议(相当于交易确认书),但是双方之间实际进行的是场外股票配资交易——申请人向被申请人支付一定数额的资金(保证金),被申请人则利用包括该资金在内的资金进行股票投资,申请人需要向被申请人支付的额度使用费,即被申请人有权获得的固定收益,实为申请人作为融资方,向配资方即被申请人支付的资金占用成本,而申请人有权获得的浮动收益,实为其作为股票投资人有权获得的投资收益。基于此,仲裁庭认为,双方签订的合同(形式)与实际从事的交易(实质)不符。但从形式上来看,双方签订的关于金融衍生品的系列协议不存在违反法律、行政法规强制性规定的情形;从实质上来看,双方之间从事的有关股票投资的融资交易也不违反法律规定。因此,虽然被申请人作为期货子公司从事配资业务可能存在一定程度上的合规性问题(从严格来说,超出其经营范围),但是双方的交易不会仅因此不合规而无效。

基于对交易性质的判断,仲裁庭认为,造成申请人股票投资损失的主要原因是当时证券市场监管措施的急剧变化而引发的交易系统风险。而对于损失的承担,双方在相关协议中则作出了明确约定,即由获得融资的一方,也就是申请人承担。鉴于此,仲裁庭对于申请人要求被申请人承担其投资损失的2000余万元人民币的仲裁请求未予支持。同时,对于保证金敞口损失,仲裁庭依据合同约定和证据状况,裁决申请人向被申请人赔偿一定的金额。

【纠纷观察】

权益互换(掉期)是金融衍生品交易的一种,是指交易双方约定在将来某一期间内互换他们认为具有相等经济价值的现金流,市场上常见的权益互换交易(合约)包括利率互换和货币互换。但在该案中,双方所谓的互换,其实质是申请人支付一定数额的融资成本以取得更多资金投入股市进行投资,是典型的场外配资交易,而与金融衍生品交易无关。因此,该案关键问题之一是处理申请人和被申请人所使用的合同(权益互换)与所实际从事的交易(场外配资)之间不匹配的问题。被申请人作为期货子公司为了使自己提供的配资业务看上去合规,而故意采用适用其营业许可范围内的金融衍生品的《主协议》和《补充协议》文件。笔者认为,裁判者不应因为当事人利用衍生品交易协议文件来安排其他性质之真实交易,就认定合同无效或交易无效,而是应从实际交易出发,分析双方的真实交易意思表示,以作出符合事实情况和交易逻辑的理性判断。

该案第二个焦点是合规性问题。对某一主体从事某一金融行为是否合规的认定,首先是监管部门的职责。纵使裁判机构认为该行为不合规,也应将不合规与不合法的后果区别开来——不合规不等于违反法律、行政法规的效力性强制性规定,不能当然导致双方的交易以及有关约定无效。由于过去几年普遍实施鼓励创新的监管政策,市场中出现了各种各样的金融创新产品。但是之后由于监管口径不断收紧,各方对于创新产品的合规性和有效性均产生了不同认识(该案申请人就是在与被申请人进行了多次交易,特别是出现亏损后认为双方的协议以及交易无效)。该案仲裁庭立足于双方当事人在缔约时以及后续交易中的真实意思表示以及所从事的交易并没有违反强制性规定,最终认定双方的场外股票配资交易有效。仲裁庭认为,这样做不仅符合合同法律关于有效或无效合同认定的基本原则,更有利于保护诚信一方的合法权益,维护市场交易稳定性和市场秩序。

4. 案例四:通道业务管理人责任的认定

【基本案情】

A 机构作为委托人、B 机构作为受托人与 C 机构作为托管人签订了资产管理合同。合同签署后,根据委托人指令,受托人将委托人的委托资金存入 D 银行,并要求 D 银行转开定期存款。同日,委托人员工领取了单位定期存款开户证实书的原件。后证实前述单位定期存款开户证实书系伪造,委托人的委托资产未转为定期存款,而是被 D 银行工作人员伪造受托人公章、财务章、法人章等印鉴,通过虚假的委托贷款协议,以受托人名义购买转账支票,将前述委托资产全数转入第三方的账户。同时,B 机构作为受托人进行活期转定期操作时,并未遵守《人民银行单位存款管理办法》的要求提交开户申请书、营业执照正本等,而仅提交了其自拟格式的指令函,要求 D 银行将委托资产由活期存款转为定期存款。

A 机构主张 B 机构未能尽到受托人的管理义务,违反了资产管理合同的约定,导致 A 机构资产出现损失,B 机构应当按照资产管理合同的约定向委托人承担相应的责任。

仲裁庭经分析认为,尽管 B 机构在履行受托人职责时存在不尽职的情形,但委托资产被转出 D 银行与 B 机构的不尽职不存在因果关系,B 机构不应当就委托资产被转出 D 银行并进入第三人账户导致委托人实际至今无法按约定取得投资收益承担直接的民事赔偿责任。因此,仲裁庭对 A

机构要求B机构赔偿委托资产本金以及投资收益的仲裁请求不予支持。但是,B机构应当继续履行受托人职责,并就委托资产采取一切必要的追索行动。

【仲裁庭观点】

该案的焦点问题之一在于B机构的失职或违约行为与该案项下委托资产被转入第三方账户之间是否存在因果关系。仲裁庭认为,委托资产未能由活期有效转为定期,B机构是有失职和过错行为的。但是该案的实质问题并不在于委托资产未能由活期转为定期,而在于委托资产是如何转出D银行进入第三人账户的。也就是说,即使委托资产一直处于活期状态而没有被转存为定期,如果没有作为存款人的B机构的明确有效指令,委托资产应仍然存放于D银行,委托资产是不可能被转出D银行并进入第三人账户的。换言之,B机构未能尽职转存委托资产与委托资产被转出D银行并进入第三人账户两者之间没有必然的联系。如果说案外第三人的行为能够将委托资产在B机构不知情或没有参与或配合(给D银行发出交易指令)的情况下被转出D银行,那么即使B机构尽职办理了定期存单,这种情况也同样会发生,与委托资产是否处于定期存款状态并没有关系。因此,仲裁庭认为,B机构在该案合同项下的不尽职或违约行为与委托资产被转出D银行之间并不存在直接的联系或因果关系,委托资产被转出D银行不是B机构的失职或违约行为所致。

该案的第二个焦点问题是,B机构的失职行为可能客观上给委托资产被异常转出D银行提供了方便,B机构是否应当承担民事赔偿责任。仲裁庭认为，该案中B机构是否应就委托资产被转出银行并进入第三人账户导致A机构实际至今无法按约定取得投资收益承担直接的民事赔偿责任，需要依据该案合同的相关约定进行认定。而资产管理合同约定，因超出B机构自身控制能力之外的因素导致委托资产损失的，B机构免责，除非是由于B机构的故意或者重大过失给委托资产造成的损失。由于不能认定该案委托资产被不当转出D银行并进入第三人账户系B机构的故意或重大过失所致，因此，B机构不应当就委托资产被转出D银行并进入第三人账户导致A机构实际至今无法按约定取得投资收益承担直接的民事赔偿责任。

【纠纷观察】

该案涉及资产管理业务中管理人的通常责任边界问题，即当由于第三人的行为直接给委托资产造成损害时管理人是否要承担民事赔偿责任及（若需要承担时）承担责任的程度问题。对于这个问题，法律上并没有明确规定，按照通常的委托代理关系理解，受托行为的民事法律后果包括投资损益归属于委托人，除非受托资产的损失系不当管理行为所致，即两者之间有因果关系。因此，除非相关资产管理合同有相反约定，管理人不应当对第三人行为给委托资产造成的损失承担责任。

同时，该案所涉资产管理业务是典型的通道型资产管理业务，受托人完全按照委托人的指令进行投资。通常认为，通道型资产管理业务管理人的责任远远小于主动型资产管理业务管理人的责任，但这并不意味着通道型资产管理业务管理人对于委托资产的损失完全免责。如果能够证明委托资产的损失与管理人的行为之间有因果关系,管理人应当承担责任。当然,法律上并没有明确区分通道型资产管理业务和主动型资产管理业务管理人的责任有何不同,通道型资产管理业务管理人的免责仍然取决于相关资产管理合同的约定。因此,资产管理合同的约定对于各方当事人来说非常关键。

三、仲裁在金融业务纠纷处理中的独特价值

作为争议解决市场重要的组成部分,越来越多的商事活动当事人正在选择仲裁方式解决争议。而且在通过仲裁处理金融纠纷案件问题上,中国市场和境外部分金融发达市场的实践情况是有所区别的。境外一些金融发达市场如英美金融市场,诉讼传统上是银行等金融机构解决金融业务纠纷的主要方式,而仲裁仅在特定商事领域,如航运、商品交易或某些投资领域受到推崇。甚至到今天,不少金融机构仍不相信仲裁人员对金融业务具有充分认识。然而市场调查也显示,仲裁在国际商事领域正被越来越多的金融机构所使用。这主要是因为仲裁在国际争议解决当中具有独特优势,如仲裁裁决的承认和可执行性、中立性、一裁终局性、保密性、灵活性以及相对而言的时间和成本上的经济性。其中,仲裁裁决的承认和可执行性是最重要的因素。1958 年签署的《纽约公约》目前已经有 161 个成员方加入,使仲裁裁决的跨境执行更为便利。该公约要求成员方法院有义务承认和执行外国仲裁裁决,除非承认或执行有关仲裁裁决有违所在国的公共政策或程序正义。

从中国境内金融仲裁实践来看,尽管诉讼在各类争议解决领域中多呈现压倒性态势,但是在金融投资争议解决领域则有所不同,诉讼在解决金融投资纠纷方面并没有当然的优势。相反,仲裁在金融争议处理中通常被认为更具效率性、保密性和专业性。随着仲裁机构仲裁工作的不断精进和最高人民法院对仲裁工作的高度支持,仲裁作为商事纠纷的替代性争议解决方式在中国日益普及。除效率性和保密性外,专业性是金融机构选择仲裁的关键因素。从某种意义上来讲,对于发展迅速的金融市场来说,法院缺乏足够数量的具有专业知识背景的法官来裁决创新或复杂的金融业务纠纷。然而仲裁机构可以灵活地使用市场上的专业人士,因此仲裁机构,特别是市场上主要的仲裁机构,通常有能力提供一个良好的、符合市场预期的裁决。近年来,仲裁妥善解决了许多新型、复杂的金融业务纠纷,为金融市场的发展提供了宝贵的支持。

然而,值得注意的一个现象是,市场上的许多大型金融机构仍未做好从选择法院转向选择仲裁的准备,其中一个原因就是仲裁的一裁终局特性使这些大型的金融机构担心一旦仲裁裁决的结果不合理,其将没有进一步的救济手段;而若是有关纠纷通过法院诉讼解决,则其还有上诉等后续的救济途径。这种对于仲裁程序性问题的困惑,其背后真正的原因是对裁判不确定性的担忧。如果金融纠纷仲裁裁判的结果具有很高的确定性或可预期性,则当事人选择仲裁进行金融纠纷解决的顾虑就会大大减小。因此,从仲裁机构的角度来看,提高金融纠纷裁判结果的确定性是一个必须重视的任务和目标。在这个努力过程中,笔者认为,仲裁人员有良好的专业背景,能坚守专业操守、准确理解基础交易、尊重契约和当事人真实意思表示、保护诚信等,都将有助于为市场提供具备可预期性、确定性和一致性的裁判服务,并最终有助于提升仲裁机构的公信力。

第四章 《新加坡调解公约》对我国立法及仲裁工作的影响

本章在介绍分析《联合国关于调解所产生的国际和解协议公约》(以下简称《新加坡调解公约》或《公约》)的出台背景和基本内容的基础上,着重分析该公约项下的调解与仲裁程序中调解的关系,加入该公约对中国现行立法的影响,并提出中国加入公约后"调解中心"开展调解工作需要注意的问题。

一、《新加坡调解公约》的出台背景

仲裁之所以能成为广受青睐的国际商事争议解决途径,有着60年历史的《纽约公约》功不可没。相较而言,有关调解或和解协议可执行性问题尚无统一国际规则,国际商事调解的发展受到一定程度的制约。

目前,各国执行经调解达成的和解协议,主要有以下三种途径:第一,将和解协议视为当事人之间签订的新合同。在这种情况下,和解协议的效力等同于普通的合同或协议类文件,对当事人的强制约束力低于法院判决和仲裁裁决。第二,将和解协议经过一定程序转化为法院判决。例如,《欧盟调解指令》(EU Mediation Directive)第6条规定了通过法院判决或决定的方式赋予经调解达成的和解协议可执行性。第三,将和解协议视为仲裁裁决或经过一定程序转化为仲裁裁决。例如,我国《仲裁法》第51条规定:"仲裁庭在作出裁决前,可以先行调解……调解达成协议的,仲裁庭应当制作调解书或者根据协议的结果制作裁决书。调解书与裁决书具有同等法律效力。"

但是,这几种途径在实践中均可能面临困难。一方面,对于国际商事争议来说,将和解协议转化为法院判决,除非国家间有承认和执行法院判决的双边或多边条约,或者互惠关系,否则较难得到执行;另一方面,如转化为仲裁裁决,虽然可以通过《纽约公约》予以承认与执行,但需要当事人之间存在有效仲裁协议,且仍需要承担仲裁的费用,并不能充分体现调解的高效低成本优势。

为统一各国实践,使经调解达成的和解协议具备可执行性,联合国国际贸易法委员会自2014年起由第二工作组(以下简称工作组)研究并起草《新加坡调解公约》。2018年6月27日联合国贸易法委员会第五十一届会议审议通过了《新加坡调解公约》文本,并定于2019年8月1日开放供各国签署。

二、《新加坡调解公约》的基本内容

《新加坡调解公约》共16个条款,其中前8个条款对适用范围、原则、援引要求及抗辩理由、保留等方面作出了规定,后8个条款对生效与修正、加入与退出等程序事项作出了规定。下文对《新加坡调解公约》的主要条款进行分析。

《新加坡调解公约》第 1 条规定了《公约》的适用范围,在理解时需要注意以下几点:

第一,和解协议需要具有国际性,单纯的国内商事调解不适用《新加坡调解公约》。根据《新加坡调解公约》第 1 条第 1 款,和解协议在以下情形具有国际性:(1)和解协议至少有两方当事人在不同国家设有营业地;(2)和解协议各方当事人设有营业地的国家不是和解协议所规定的相当一部分义务履行地所在国及与和解协议所涉事项关系最密切的国家。

第二,《新加坡调解公约》仅适用于"调解所产生的"和解协议。在《新加坡调解公约》制定过程中,部分国家代表主张不应使用"调解所产生的"(agreements resulting from mediation)这种反映因果关系的措辞。但工作组认为,"调解所产生的"这一表述可以鼓励当事人使用调解方式解决国际商事争端,也保证了《新加坡调解公约》不会和其他与诉讼或仲裁相关的公约在适用上相冲突。

第三,和解协议需要以书面形式作出。工作组认为,《新加坡调解公约》的目的是便利和解协议的执行,要求和解协议以书面形式作出可以更高效地推进执行程序。

第四,《新加坡调解公约》适用于和解协议的整体,包括其中的金钱与非金钱义务。工作组认为,当和解协议同时包含金钱义务和非金钱义务时,如果只执行其中的金钱义务,而不执行非金钱义务,可能造成不公。因此,《新加坡调解公约》适用于和解协议的整体,不区分金钱和非金钱义务,且不允许缔约方对此作出保留。

第五,《新加坡调解公约》仅适用于解决商事争议的和解协议,不适用于与婚姻家庭法、劳动法、继承法有关的和解协议。同时,在司法程序或仲裁程序期间达成的和解协议,视和解协议能否作为法院判决或仲裁裁决得到执行而区别对待。如果可以作为法院判决或仲裁裁决执行,则不适用《公约》。

《新加坡调解公约》第2条对"营业地""书面形式""调解"进行了定义。其中,对于书面形式的要求,工作组认为应遵循功能等同原则,即电子签字只要可以日后被调取查用,即满足和解协议的书面形式要求。对于调解的要求,工作组强调保留第三人协作的要求,即保留"由一位或几位第三人('调解人')协助"的表述。据此,争议各方自行协商达成的和解协议不适用《新加坡调解公约》。至于调解员是机构调解员还是非机构调解员,《公约》并未作出硬性规定。

《新加坡调解公约》第3条对和解协议的执行以及在非执行程序中援用和解协议的一般原则进行了规定。

首先,《新加坡调解公约》确定适用直接执行机制。在《新加坡调解公约》起草过程中,部分国家代表认为《新加坡调解公约》应采取审查机制,即需要首先经过和解协议来源国主管机构的认证或认可才能在另一国寻求执行。但是,另一部分国家代表则认为,《新加坡调解公约》采取审查机制,则需要考虑如何确定哪个法域对和解协议的审查拥有管辖权、如何确定负责审查的主管机构（如由调解员、法院或机构进行审查）以及认证程序等问题。采取审查机制耗时较长，可能与《公约》的目的相悖。另外，参考《纽约公约》，裁决来源国的审查亦非承认与执行外国仲裁裁决的前提之一。最终，工作组参照《纽约公约》的做法采用直接执行机制，使和解协议的当事人能够在执行地要求直接执行，而不要求在来源国对和解协议进行审查。

其次，《新加坡调解公约》明确可在非执行程序中援用和解协议。例如，一方当事人就某事项提出主张或请求，另一方当事人主张该事项已由双方间签订的和解协议解决，不存在争议。此时，该方当事人可以援用和解协议，以证明争议事项已得到解决。

《新加坡调解公约》第 4 条对援用和解协议的要求进行了规定。第一，申请人应提供和解协议。第二，申请人需要证明调解过程存在，且《新加坡调解公约》不允许缔约方作出排除适用该条的保留声明。至于证明调解过程存在的方式，包括调解人的签名、调解人签署的表明已进行调解的文件、参与调解过程的管理机构的证明等。第三，该条再次明确允许使用电子及其他通信手段来满足和解协议的书面形式要求。第四，该条规定主管机关有权要求当事人出具和解协议译本，并可要求当事人提供任何必要的文件。第五，该条规定主管机关审议救济应当从速行事。这一规定与《新加坡调解公约》的目的一致，即通过订立一部经调解达成的国际商事和解协议的可执行性多边公约，以与《纽约公约》促进仲裁发展相同的方式鼓励调解，解决依据合同法跨境执行烦琐且费时的弊端。

《新加坡调解公约》第5条规定了主管机关拒绝救济的理由,分为主管机关依据当事人申请而拒绝救济的理由和主管机关可以依职权审查并拒绝救济的理由。

主管机关依据当事人申请而拒绝救济的理由可进一步分为三类,即与当事人相关的抗辩、与和解协议本身相关的抗辩以及与调解过程相关的抗辩。具体而言,与当事人相关的抗辩是指和解协议当事人一方无行为能力。与和解协议本身相关的抗辩包括和解协议无效、失效或无法执行;根据和解协议的条款,其不具有约束力或不是终局的;和解协议被修改;和解协议中的义务已得到履行;和解协议内容不清楚或无法理解;准予救济将有悖和解协议条款。与调解过程相关的抗辩包括调解人严重违反调解人或调解的准则和调解人未履行披露义务。

主管机关可以依职权审查并拒绝救济的理由,包括准予救济将违背该国的公共政策,以及和解协议所涉事项无法以调解方式予以解决。

《新加坡调解公约》第6条处理并行程序问题以及《新加坡调解公约》与其他救济途径的关系问题。

所谓并行程序,是指与和解协议的执行程序并列,且可能对其产生影响的司法程序或仲裁程序。例如,在某一法域进行关于和解协议效力的诉讼或仲裁程序,而在另一法域进行和解协议的执行程序。工作组决定,《新加坡调解公约》以《纽约公约》第6条为基础,规定在就和解协议申请司法程序或仲裁程序的情况下,执行机关若认为适当,可在司法程序未结束前推迟就执行事宜作出裁定,或者在和解协议被主管法院认定无效的情况下拒绝予以执行。同时,该条允许执行机关应一方当事人的请求要求另一方提供担保。

针对《新加坡调解公约》与其他救济途径的关系问题(例如,在当事人决定根据合同法或以其他任何方式而非根据公约执行和解协议时,如何处理公约与合同法的关系问题),工作组认为,《新加坡调解公约》应尊重各国合同法等国内法的规定,也应尊重当事人选择适用合同法及其他救济途径而非适用《公约》执行其和解协议。因此,《新加坡调解公约》不涉及国内法规中处理的程序方面,只是引入一种执行国际和解协议的机制。同时,《新加坡调解公约》不应剥夺当事人在适用的合同法之下可能享有的任何合同规定的救济。

《新加坡调解公约》第7条规定,《公约》不应剥夺任何利害关系人可以寻求依赖和解协议所在《新加坡调解公约》当事方的法律或者条约所许可的方式,在其许可限度内,援用该和解协议的任何权利。该条参照了《纽约公约》第7条,核心目的在于允许当事人适用对执行更有利的国内法规。

《新加坡调解公约》第8条对保留作出了规定。《新加坡调解公约》仅允许缔约方作出如下两类保留:第一,缔约方可声明涉及政府实体的和解协议不适用《新加坡调解公约》;第二,缔约国可声明当事人可否对适用《新加坡调解公约》作出选择。另外,《新加坡调解公约》规定,除以上两类保留外,不允许缔约方作出任何其他保留(如互惠保留)。

三、《新加坡调解公约》项下的调解与仲裁程序中调解的关系

我国的“仲调结合”制度规定在我国《仲裁法》第51条。该条规定:

"仲裁庭在作出裁决前,可以先行调解。当事人自愿调解的,仲裁庭应当调解。调解不成的,应当及时作出裁决。调解达成协议的,仲裁庭应当制作调解书或者根据协议的结果制作裁决书。调解书与裁决书具有同等法律效力。"

"仲调结合"的方式在国际上被誉为"东方经验",与单独的调解具有根本区别。在"仲调结合"的模式下,主持调解的调解员通常即为审理该案的仲裁员。如果调解成功,则仲裁庭应当制作调解书或根据和解协议的内容制作裁决书。如果调解失败,则仲裁庭应恢复仲裁程序并及时作出裁决。将仲裁与调解相结合,体现了程序上的灵活性与便利性,也有利于鼓励当事人通过友好协商的方式解决争议。同时,由于仲裁中的调解不具有强制性,如果当事人不愿意调解或调解失败的,仲裁庭可以迅速恢复仲裁程序并作出裁决。

理解我国"仲调结合"中的调解与《新加坡调解公约》中的调解的关系,需要注意以下几点。

首先,"仲调结合"中的调解范围比《新加坡调解公约》中的调解范围广。"仲调结合"由于是在仲裁过程中的调解,其适用范围应与我国《仲裁法》中规定的仲裁范围一致,即我国《仲裁法》第2条规定的"平等主体的公民、法人和其他组织之间发生的合同纠纷和其他财产权益纠纷,可以仲裁"。而《新加坡调解公约》只适用于解决商事争议的和解协议。《新加坡调解公约》第1条第2款规定:"公约不适用于以下和解协议:(a)为解决其中一方当事人(消费者)为个人、家庭或家居目的进行交易所产生的争议而订立的协议……”因此,《新加坡调解公约》中的调解不能包括(a)项中的一般生活消费合同。所谓“商事”,参考2018年修正的《贸易法委员会国际商事调解和调解所产生的国际和解协议示范法》(以下简称《示范法》)第1条第1款的脚注1,是指“涵盖由于一切商业性质关系而发生的事项,无论这种关系是否属于合同关系。商业性质包括但不限于下列交易:供应或者交换货物或者服务的任何贸易交易;销售协议;商业代表或者代理;保理;租赁;工程建造;咨询;工程技术;发放许可;投资;融资;银行业务;保险;开发协议或者特许权;合营企业和其他形式的工业或者商业合作;航空、海路、铁路或公路客货运输”。

其次,在“仲调结合”下经过调解而达成的和解协议无法适用《新加坡调解公约》。根据我国《仲裁法》第51条的规定,调解达成协议的,仲裁庭应当制作调解书或者根据协议的结果制作裁决书。调解书与裁决书具有同等法律效力。也就是说,我国将“仲调结合”中经调解所达成的和解协议视为仲裁裁决或经过一定程序转化为仲裁裁决并予以执行。但是,《新加坡调解公约》第1条第3款明确规定:“本公约不适用于……(b)已记录在案并可作为仲裁裁决执行的协议。”因此,在我国仲裁程序中进行调解并形成的和解协议,无法直接适用《新加坡调解公约》得到执行。

另外值得注意的是,根据我国《仲裁法》第49条的规定,“当事人申请仲裁后,可以自行和解。达成和解协议的,可以请求仲裁庭根据和解协议作出裁决书,也可以撤回仲裁申请”。在当事人自行和解的情况下,如果请求仲裁庭根据和解协议作出裁决书的,同样不能使用《新加坡调解公约》。

但如果是当事人达成和解协议并撤回仲裁申请的,此时能否适用《新加坡调解公约》,则需要根据当事人的和解是否经过调解程序来作出判断。《新加坡调解公约》第2条第3款规定:"'调解'不论使用何种称谓或进行过程中以何为依据,指由一名或者几名第三人('调解员')协助,在其无权对争议当事人强加解决办法的情况下,当事人设法友好解决其争议的过程。"工作组在制定《新加坡调解公约》时也强调,调解的定义应当规定"第三人协作"这一性质。因此,如果当事人在没有经过任何第三人协助之下自行达成了和解协议,之后撤回仲裁申请的这种情况也不能适用《新加坡调解公约》。如果当事人通过第三人协助(如商事调解机构)而达成和解协议并撤回仲裁申请的,则可能适用《新加坡调解公约》申请执行和解协议。

四、加入《新加坡调解公约》对中国现行立法的影响

2019年8月7日《新加坡调解公约》签署仪式在新加坡举行。来自67个国家和地区的代表团参加了签署仪式,包括中国、美国、新加坡在内的46个国家签署了《公约》。

中国在签署《公约》后,需要首先对国内立法和司法体系进行适当调整,使之与《新加坡调解公约》有效衔接,之后按照我国《缔结条约程序法》的规定提请全国人民代表大会常务委员会对公约进行批准,批准后根据《新加坡调解公约》第11条的规定向保存人(指联合国秘书长)交存批准书。根据《新加坡调解公约》第14条规定,《公约》自第三份批准书、接受

书、核准书或者加入书交存后6个月生效。一国在第三份批准书、接受书、核准书或者加入书交存之后批准、接受、核准或者加入《公约》的,《公约》自该国交存批准书、接受书、核准书或加入书之日后6个月对其生效。

由于我国商事调解立法体系尚未建立,对调解的规定散见于《人民调解法》《民事诉讼法》《仲裁法》等法律中,因此,有以下四个方面的工作需尽快推进。

第一,立法机关需要加快制定专门的商事调解立法。我国于2010年出台了《人民调解法》,打破了调解立法的空白。然而,《人民调解法》不适应开展商事调解的需要。举例而言,我国《人民调解法》第7条规定:"人民调解委员会是依法设立的调解民间纠纷的群众性组织。"据此,人民调解的定位是社区民间调解,以非职业化为特点,不符合商事调解的专业化要求。《人民调解法》第4条规定:"人民调解委员会调解民间纠纷,不收取任何费用。"此规定不利于调动调解员的工作积极性,不利于整个调解员职业队伍的建设,也使人民调解工作缺乏资金的保障。因此,需要加快制定专门的商事调解法,将调解作为一项专业化、职业化的事业进行规制。

在国际层面,国际商事调解经过多年发展,已经逐渐形成了较成熟的法律规范,对我国商事调解立法体系的建设具有参考意义。《示范法》便是最具有影响力的商事调解立法,其对商事调解的定义,调解员的选定及披露义务,调解程序的开始、进行及终止,调解效力及调解后的问题均作出了详细规定。我国进行商事调解立法,应以鼓励和支持商事调解发展为基本原则,在充分尊重和体现当事人意思自治的前提下,可借鉴《示范法》起草法律条文,对商事调解进行系统性法律建设。

第二,建议立法机关从法律层面确认机构之外调解的合法性,鼓励个人调解制度的发展。

工作组在制定《新加坡调解公约》时表示,“调解”不应被限定为调解机构进行的调解,且不应被限定为“有安排的或有组织的过程”。据此,经过机构调解或非机构调解形成的和解协议,均可以依照《新加坡调解公约》的规定申请执行。

我国传统商事调解分为法院调解、仲裁机构调解和商事调解机构调解,而个人调解的效力在法律层面上不被认可。因此,建议我国应鼓励具有专业知识和能力的法律执业者专门从事商事调解工作,在法律层面上认可个人调解的效力,培养、发展一批以商事调解为主业、重视个人声誉并具有专业素养的专职调解员,建立健全专职调解员的管理制度及薪酬体系。只有这样,我国的商事调解制度才能够更加健康、全面发展。

第三,建议最高人民法院出台相应司法解释,对《新加坡调解公约》部分条款的理解与适用作出规定。

为获得各国代表更广泛的支持,工作组在起草《新加坡调解公约》过程中,对个别条款采取了折中或者模糊处理的方法。具体理解和执行这些条款的任务就交由各主权国家的相关部门。在我国,需要最高人民法院以司法解释的形式对这些条款作进一步澄清。

首先,《新加坡调解公约》第1条规定《公约》适用于和解协议整体,不区分金钱和非金钱义务。在实践中,调解达成的和解协议经常包括非金钱义务,且和解协议中很可能存在双方互负给付义务的情况。例如,一份和解协议可能约定甲方向乙方支付一定金额的价款,同时乙方向甲方交付特定物(如一幅名画)。在申请执行和解协议程序中,如果一方的非金钱给付义务(如交付名画)难以执行,法院是否可以执行另一方的金钱给付义务?对此,最高人民法院在出台司法解释时应给出进一步指引,避免对一方当事人造成不公。

其次,《新加坡调解公约》第3条第2款规定:"如果就一方当事人声称已由和解协议解决的事项发生争议,公约当事方应允许该当事人按照本国程序规则并根据本公约规定的条件援用和解协议,以证明该事项已得到解决。"该款规定的是当事人在非执行程序中援用和解协议的情形。例如,一方当事人就某事项提出主张或请求,另一方当事人主张该事项已由双方之间签订的和解协议解决,不存在争议。但是该条款本身对援用和解协议的条件和法律效果没有给出明确规定。最高人民法院在出台司法解释时需就当事人在非执行程序中援用和解协议的程序要求及在中国法律下的实际法律效果进行明确。例如,当事人援用的和解协议,是否具有阻断诉讼程序的效果,还是仅具有证据的效力?如果援用和解协议的一方无法按照我国《民事诉讼法》的要求对和解协议作公证和认证,那这份协议是否应被视为欠缺形式上的法律要件?这些问题都需要最高人民法院出台司法解释予以明确。

最后,《新加坡调解公约》第5条第1款第(c)项规定拒绝准予救济的理由之一为和解协议中的义务"不清楚或无法理解"。各国代表在《新加坡调解公约》的制定过程中就是否保留和解协议中的义务“不清楚或无法理解”这一抗辩理由进行过激烈争论。反对保留的国家代表认为这会赋予主管机关过宽的自由裁量权。《新加坡调解公约》最终保留了这一抗辩理由,并将判断和解协议中的义务是否“不清楚或者无法理解”的权限交由各国自行处理。因此,最高人民法院应就审查和解协议内容的标准和尺度进行规定。

按照对和解协议内容审查的程度,审查标准可区分为表面主义和解释主义。所谓表面主义,即只要和解协议在表面上“不清楚或无法理解”,则主管机关就可以拒绝准予救济,不予执行。所谓解释主义,则是指和解协议经主管机关查明和解释后仍“不清楚或无法理解”的,主管机关才可以拒绝准予救济,不予执行。这两种查明标准均具有合理性,但最高人民法院在出台司法解释时需要加以明确,以统一各地区各级人民法院的查明标准。

第四,建议立法机关和最高人民法院完善对虚假调解问题处理的规定。《新加坡调解公约》出台后,部分法律界人士对《公约》在我国实施过程中可能出现的虚假调解问题表达了担忧。虚假调解一方面可以参照我国《民事诉讼法》第112条和第227条的规定进行处理,另一方面可以参照我国《刑法》对虚假诉讼罪的规定对当事人进行刑事处罚。

首先,我国《民事诉讼法》第112条规定:“当事人之间恶意串通,企图通过诉讼、调解等方式侵害他人合法权益的,人民法院应当驳回其请求……”该法第227条规定:“执行过程中,案外人对执行标的提出书面异议的，人民法院应当自收到书面异议之日起十五日内审查，理由成立的，裁定中止对该标的的执行；理由不成立的，裁定驳回……”

申请执行通过虚假调解达成的和解协议与我国《民事诉讼法》规定的虚假诉讼、虚假调解在本质上是相同的，都是通过恶意串通的方式，利用司法机关的审判权和执行权，损害第三人利益。根据《新加坡调解公约》第1条的规定，调解行为发生地不作为判断和解协议是否为“国际”和解协议的依据。但是，无论调解行为发生地为何，只要当事人通过虚假调解达成和解协议，并企图根据《新加坡调解公约》在我国启动执行程序，我国法院即应驳回其请求，并可根据情节轻重予以罚款等处罚措施。在执行和解协议的过程中，如第三人发现和解协议是通过虚假调解达成并损害其利益的，可以提出执行异议。

其次，我国《刑法》第307条之一第1款规定了虚假诉讼罪。当事人以捏造的事实提起民事诉讼，妨碍司法秩序或者严重侵害他人合法权益的，将受到刑事处罚。2018年10月1日起施行的最高人民法院、最高人民检察院《关于办理虚假诉讼刑事案件适用法律若干问题的解释》第1条进一步规定，当事人与被执行人采取伪造证据、虚假陈述等手段恶意串通，捏造债权的，属于我国《刑法》第307条之一第1款规定的“以捏造的事实提起民事诉讼”。该解释第2条规定，以捏造的事实提起民事诉讼，致使人民法院立案执行基于捏造的事实作出的仲裁裁决、公证债权文书的，应当认定为我国《刑法》第307条之一第1款规定的“妨害司法秩序或者严重侵害他人合法权益”。据此，立法机关和最高人民法院可以参考我国《刑法》及相关司法解释对虚假诉讼罪的处理,规定若当事人申请法院执行经虚假调解达成的和解协议的,属于妨害司法秩序,并适用《刑法》中对虚假诉讼罪的处罚规定。

总而言之,加入《新加坡调解公约》需要我国对现行立法进行调整,建立和完善我国商事调解法律制度。值得注意的是,在2018年9月公布的第十三届全国人大常委会立法规划中,并无与调解相关的法律。而立法规划是每届全国人大常委会立法工作的任务表,代表了未来5年我国立法领域的重点。由此可见,我国近期没有将商事调解立法以及调解制度的改革提上日程的安排。签署并加入《新加坡公约》,无异于给我国立法机关制定商事调解法律设定上"倒计时",促使我国商事调解法律的制定,助推我国商事调解制度的建立。

五、对目前国内仲裁机构设立的"调解中心""调解规则"的述评

近年来,国内多家仲裁机构成立了调解中心,为当事人提供多元化争议解决服务。例如,贸仲委于2018年5月18日举行了调解中心的揭牌仪式,北京仲裁委员会于2011年8月1日成立了调解中心,深圳国际仲裁院(深圳仲裁委员会)于2008年12月成立了调解中心。

我国法院近年来也鼓励通过多元机制解决当事人之间的纠纷。例如,在最高人民法院办公厅《关于确定首批纳入"一站式"国际商事纠纷多元化解决机制的国际商事仲裁及调解机构的通知》中规定:"对诉至国际商

事法庭的国际商事纠纷案件，当事人可以……协议选择纳入机制的调解机构调解。经调解机构主持调解，当事人达成调解协议的，国际商事法庭可以依照法律规定制发调解书；当事人要求发给判决书的，可以依协议的内容制作判决书送达当事人”。同时，该通知一并列举了贸仲委、上海国际经济贸易仲裁委员会、深圳国际仲裁院、北京仲裁委员会、中国海事仲裁委员会以及中国国际贸易促进委员会调解中心、上海经贸商事调解中心 7 家机构，作为首批纳入“一站式”国际商事纠纷多元化解决机制的仲裁和调解机构。

以《中国国际经济贸易仲裁委员会调解中心调解规则》(以下简称《贸仲调解规则》)为例，结合《新加坡调解公约》中对调解的规定，《贸仲调解规则》在以下几方面值得注意：

第一，就调解范围而言，《贸仲调解规则》第 2 条规定的调解范围为“平等主体的自然人、法人和非法人组织之间发生的民商事争议”。而《新加坡调解公约》第 1 条第 2 款排除了一般生活消费合同，仅适用于因商事争议而进行调解并形成的和解协议。因此，《贸仲调解规则》中的调解范围应广于《新加坡调解公约》中的调解范围。

第二，《贸仲调解规则》对当事人未约定调解员人数时的默认人数进行了规定。《贸仲调解规则》第 12 条第 1 款规定：“当事人可以约定调解员的人数及调解员的产生方式。未作约定的，则调解员为一名”。而《新加坡调解公约》对“调解”的定义中，仅强调调解“由一名或几名第三人协助……”对默认的调解员人数未作规定。

第三,《贸仲调解规则》对调解员的持续披露义务及避免利益冲突作出了规定。《贸仲调解规则》第14条规定:"调解员接受选定或指定的,应自收到选定或者指定通知之日起10日内,签署公正性及中立性声明书。如果存在可能引起对其公正性或中立性产生合理怀疑的任何情形,该调解员应予书面披露。在调解过程中,调解员应不迟延地向双方当事人披露任何此类情况。披露以后,如果当事人一致同意,调解员可以继续履行调解员职责。在调解结束后,调解员仍应避免存在利益冲突或导致利益冲突出现的情形。除非当事人另有约定,调解员不得在相同或者相关争议进行的仲裁程序、司法程序或者其他任何程序中担任仲裁员、法官,或者担任一方当事人的代理人、顾问或证人。"对照《新加坡调解公约》第5条第1款第(e)项和第(f)项,调解员违反调解准则或者违反披露义务所达成的和解协议会被主管机关拒绝准予救济。因此,《贸仲调解规则》和《新加坡调解公约》的立场高度一致,即对于调解员披露义务和避免利益冲突均作了明确规定,以保证调解结果的公正性。

第四,《贸仲调解规则》规定了调解与仲裁、诉讼程序对接的问题。《贸仲调解规则》第24条规定:"任何一方当事人依据调解协议中的或者当事人另行签订的仲裁条款,可申请中国国际经济贸易仲裁委员会根据其仲裁规则的规定,按照调解协议的内容作出仲裁裁决。"该规则第25条规定:"中心可以根据法院的委托或指定,提供相应的调解服务。"

六、中国加入《新加坡调解公约》后"调解中心"开展调解工作需要注意的问题

1. 调解中心在进行调解的过程中,需要格外注意调解员的披露义务以及可能构成利益冲突的情形,以免和解协议无法执行。

2. 如果当事人申请仲裁委员会将经调解达成的和解协议制作仲裁裁决的,则不能再适用《新加坡调解公约》申请执行。

3.《新加坡调解公约》第5条规定了主管机关拒绝准予救济的理由,调解中心在开展调解活动时,需要注意避免出现这些情形,以保证和解协议在将来能得到有效执行。

第一,《新加坡调解公约》第5条第1款第(a)项规定:"和解协议一方当事人处于某种无行为能力状况。"据此,调解中心在调解时应当注意审查当事人的情况。对于法人来说,应当要求其提供营业执照等证明文件,并注意审查其在调解过程中是否处于破产状态或已进入破产程序等。对于自然人来说,则应当注意其是否属于限制行为能力人或无行为能力人。

第二,《新加坡调解公约》第5条第1款第(b)项规定,如果和解协议无效、失效或者无法履行;或者和解协议不是终局的或随后被修改的,则主管机关应拒绝准予救济。工作组在制定《新加坡调解公约》时,认为如欺诈、重大误解、虚假陈述、胁迫等情形均属于导致和解协议无效、失效或无法履行的应有之义,故未再单独列为拒绝准予救济的事项。因此,调解中心在调解时,需要注意审查当事人进行调解时是否存在以上情形。另外,

建议调解中心在当事人达成的和解协议书中载明该和解协议具有终局性，对当事人具有约束力，以避免当事人以和解协议不是终局的为由申请主管机关拒绝准予救济。

第三，《新加坡调解公约》第5条第1款第(c)项规定，将和解协议的内容不清楚或者无法理解作为拒绝准予救济的理由之一。据此，调解中心在进行调解并协助当事人达成和解协议时，应将当事人在和解协议下的权利及义务表述清楚，如义务为金钱给付或交付特定物的，应明确交付时间、地点及方式。如义务为进行某种行为的，则应明确行为的期限和方式等。

第四，《新加坡调解公约》第5条第1款第(e)项和第(f)项规定，调解员违反调解准则或者违反披露义务协助当事人达成的和解协议，会被主管机关拒绝准予救济。在我国调解中心的调解规则中，普遍要求调解员披露其认为可能对公正性或中立性产生合理怀疑的情形，如《贸仲调解规则》第14条、《北京仲裁委员会调解规则》第14条均对披露义务进行了规定。但各调解规则中均未详细规定可能产生合理怀疑的具体情形。在调解中心进行调解时，可以考虑借鉴《国际律师协会国际仲裁利益冲突指引》的规定，要求调解员根据不同情况履行披露义务或申请回避等。

第五章 中国国际商事仲裁司法审查

2018 年是“一带一路”倡议践行 5 周年，中共中央办公厅、国务院办公厅印发了中央深改组审议通过的《关于建立“一带一路”国际商事争端解决机制和机构的意见》，部署设立国际商事法庭、组建国际商事专家委员会、建设“一站式”国际商事纠纷解决平台三大任务，对于保障“一带一路”建设顺利实施意义重大，也给中国商事仲裁国际化创造了前所未有的发展机遇。

本章主要依据中国裁判文书网以及其他互联网途径公开的裁判文书，对 2018 年中国国际商事仲裁司法审查案件所涉法律问题进行综合分析和述评。

一、涉外、涉我国港澳台地区仲裁条款的效力认定

(一) 涉外、涉我国港澳台地区仲裁协议的准据法问题

在“上诉人天津市中色国际贸易有限公司(以下简称中色公司)因与被上诉人香港宏达国际贸易有限公司(以下简称宏达公司)、一审被告林某某货物买卖合同纠纷管辖权异议上诉案”[天津高院(2017)津民终 494

号民事裁定书(2018年7月16日)]中,中色公司依据《合作协议书》提起诉讼,请求宏达公司等支付货款。天津市高级人民法院认为,根据查明事实,中色公司的起诉不是依据《合作协议》,而是依据《买卖合约》,而3份《买卖合约》均约定:“合同执行中的任何争执或索赔,若无法通过友好协商解决,则应将案件交由被诉人所在地的仲裁机构(中国国际经济贸易仲裁委员会任何分会或香港国际仲裁庭)仲裁。”《买卖合约》未单独约定仲裁条款应适用的法律,故应适用仲裁机构所在地法律或者仲裁地法律认定相关仲裁条款效力;如约定不明,则可以适用我国内地法律予以认定。仲裁条款虽然同时约定了两家仲裁机构,但加以“被诉人所在地的仲裁机构”的限定,应视“被诉人”系中色公司或宏达公司而确定相应仲裁机构。因该案中宏达公司系“被诉人”,其登记地在我国香港特别行政区,故应以宏达公司所在地,即我国香港特别行政区法律作为认定涉案《买卖合约》中仲裁条款效力应适用的法律。依照我国香港特别行政区法律之规定,仲裁条款效力取决于当事人将争议交付仲裁的意思表示,而不以是否约定仲裁机构、约定的仲裁机构是否唯一、约定的仲裁机构名称是否准确、约定的仲裁机构是否存在等为其生效要件。由于涉案《买卖合约》中的仲裁条款具备当事人将争议交付仲裁的意思表示,应认定为有效。据此,维持驳回中色公司起诉的一审裁定。中色公司以二审裁定认定基本事实缺乏证据证明、适用法律确有错误申请再审,最高人民法院认定申请再审理由不能成立,裁定驳回中色公司的再审申请[最高人民法院(2018)最高法民申6088号民事裁定书(2018年12月29日)]。

在"申请人中轻三联国际贸易有限公司与被申请人塔塔国际金属(亚洲)有限公司申请确认仲裁协议效力案"[北京四中院(2017)京04民特25号民事裁定书(2018年12月14日)]中,仲裁条款约定:"如果不能协商解决,应提交新加坡国际贸易仲裁委员会按照美国的仲裁规则进行仲裁。"法院认为,当事人在上述合同中明确作出将争议提交新加坡国际贸易仲裁委员会的意思表示,虽然在表述上新加坡国际贸易仲裁委员会并非新加坡任何一家仲裁机构的明确具体名称,因约定的名称错误导致无法对仲裁机构确切认定,但根据约定内容可以认定当事人有明确选择仲裁的意思表示,并且可以推定当事人认可在新加坡法律框架内进行仲裁。依据我国《涉外民事关系法律适用法》及相关司法解释的规定和当事人仲裁条款的约定内容,该院认为仲裁地应认定为新加坡,据此确定该案仲裁协议效力所应适用的准据法为新加坡法。

在"上诉人马士基航运有限公司(MaerskLine A/S)(以下简称马士基公司)与被上诉人天津航星国际货运代理有限公司(以下简称航星公司)、一审被告普罗旺斯番茄制品(天津)有限公司、天津欧尚国际货运代理有限公司海上货物运输合同纠纷系列案"[天津高院(2018)津民终260号民事裁定书(2018年11月26日)]中,查明:马士基公司与航星公司签订的《订舱代理协议》中仲裁条款约定:"本协议应当根据英国法进行解释。任何因本协议引起的或与之有关的争议应当友好解决,当无法解决时应当根据英国《1996年仲裁法》及其修正案在伦敦提交仲裁。"天津海事法院一审以及天津市高级人民法院二审均认定协议未确定仲裁条款适用的法律,但仲裁地位于英国,故仲裁条款效力应当根据仲裁地法即英国法进行认定。仲裁条款约定在伦敦提交仲裁,而英国法并未规定选定的仲裁机构为仲裁协议的有效要件,故仲裁条款有效。

在“申请人中国中材进出口有限公司与被申请人印度尼西亚麦捷能源发展有限公司、七台河金辰矿业有限公司、山东招辰建设工程有限公司申请确认仲裁协议效力案”[北京四中院(2018)京04民特12号民事裁定书(2018年11月19日)]中,法院认为,该案系相关当事人对《补充协议》中订立的仲裁条款发生的争议,该条款包括两个方面内容:一是协议适用的法律,二是争议解决方式。因仲裁条款具有独立性,应视其为独立的仲裁协议,因此当事人在《补充协议》中选择适用的准据法并不当然适用于仲裁协议。由于该仲裁协议相关当事人未选择仲裁协议适用的准据法,也未选择仲裁地,但选定了仲裁机构,故应适用当事人选定的仲裁机构北京仲裁委员会所在地法律,即中华人民共和国法律。

从上述案例可以看出,自最高人民法院《关于适用〈中华人民共和国涉外民事关系法律适用法〉若干问题的解释(一)》于2013年实施以来,我国各级人民法院对于涉外、涉我国港澳台地区仲裁协议准据法的适用更加准确,普遍能够根据该解释第14条“当事人没有选择涉外仲裁协议适用的法律,也没有约定仲裁机构或者仲裁地,或者约定不明的,人民法院可以适用中华人民共和国法律认定该仲裁协议的效力”的规定,按照当事人协议选择的仲裁协议准据法——仲裁机构或仲裁地法——法院地法“三步法”依位序确定涉外、涉我国港澳台地区仲裁协议应适用的法律。同时,各法院对于仲裁协议独立性原则也有了更加清晰的认识，多个案例均体现主合同准据法不当然是仲裁协议准据法，并依据“三步法”确定仲裁协议准据法的处理思路。

（二）涉外因素的认定及约定境外仲裁的条款效力问题

在“爱耳时代医疗科技（北京）股份有限公司（以下简称爱耳公司）诉领先仿生医疗器械（上海）有限公司（以下简称领先公司）买卖合同纠纷上诉案”［上海二中院（2017）沪02民终9941号民事裁定书（2017年11月23日）］中，一审法院以双方之间有仲裁条款为由驳回爱耳公司的起诉，领先公司提起上诉。二审法院查明：双方经销协议约定，因该协议引起的或与之有关的所有争议应根据国际商会仲裁规则在3名仲裁员组成的仲裁法庭前予以最终裁决，仲裁地点在中国上海。二审法院认为，根据2012年1月1日生效的《国际商会仲裁规则》［（ICC规则）2012年版］第6条第2款“当事人同意按照仲裁规则进行仲裁，即接受由仲裁院对该仲裁实施管理”的规定，应认定双方选定了明确具体的仲裁机构即国际商会仲裁院进行仲裁。我国现有法律并未允许国内当事人将其不具有涉外因素的争议提请外国仲裁机构仲裁。爱耳公司和领先公司都是依据我国法律设立并登记的企业，尽管领先公司的股东为外国公司，但是领先公司仍属于中国法人，因此该案在当事人主体上不存在涉外因素。爱耳公司为领先公司销售相关产品，这些产品虽系进口产品，但是都是由领先公司进口后再向爱耳公司提供，故交易标的物不具有涉外性，同时双方之间涉及的法律关系也无涉外因素。因此，该案纠纷并不具备涉外因素，双方当事人约定提请外国仲裁机构仲裁的条款应属无效。据此,二审法院裁定撤销一审裁定,指令上海市黄浦区人民法院审理本案。领先公司申请再审,上海市高级人民法院驳回再审申请[上海高院(2018)沪民申921号民事裁定书(2018年6月26日)]。

上述案件与最高人民法院《关于江苏航天万源风电设备制造有限公司与艾尔姆风能叶片制品(天津)有限公司申请确认仲裁协议效力纠纷一案的请示的复函》[(2012)民四他字第2号]中明确的裁判规则保持一致,即将我国《民事诉讼法》第271条"涉外经济贸易、运输和海事中发生的纠纷,当事人在合同中订有仲裁条款或者事后达成书面仲裁协议,提交中华人民共和国涉外仲裁机构或者其他仲裁机构仲裁的,当事人不得向人民法院起诉"的规定理解为授权性规范,鉴于我国法律没有规定当事人可以将不具有涉外因素的争议交由境外仲裁机构或者在我国境外临时仲裁,故当事人约定将单纯为国内争议提交境外仲裁机构仲裁没有法律依据,所涉仲裁协议无效。最高人民法院《关于适用〈中华人民共和国民事诉讼法〉的解释》第522条对纠纷"涉外性"的界定条件规定如下:"有下列情形之一,人民法院可以认定为涉外民事案件:(一)当事人一方或者双方是外国人、无国籍人、外国企业或者组织的;(二)当事人一方或者双方的经常居所地在中华人民共和国领域外的;(三)标的物在中华人民共和国领域外的;(四)产生、变更或者消灭民事关系的法律事实发生在中华人民共和国领域外的;(五)可以认定为涉外民事案件的其他情形。"该案中法院认定外商投资企业为中国法人,其资本来源于国外并不构成上述司法解释第5项规定的“可以认定为涉外民事案件的其他情形。”

（三）以侵权为由起诉时的仲裁条款效力的判定

在“瑞昕新加坡海外企业有限公司（以下简称瑞昕公司）诉青岛汇添盛农业生产资料有限公司（以下简称青岛汇添盛公司）等侵权纠纷管辖权异议请示案”［最高人民法院（2018）最高法民他 103 号复函］中，双方《购销合同》第 15 条约定：“因本合同或违反合同引起的或与之有关的任何纠纷、争议或索赔，都应由新加坡国际仲裁中心按照其仲裁规则和程序在新加坡解决。”最高人民法院复函认为，尽管瑞昕公司以侵权为由起诉，但其与青岛汇添盛公司之间的纠纷，仍属于购销合同仲裁条款约定的仲裁范围即“与之有关的任何纠纷”，该部分纠纷应当由双方提交约定的仲裁机构解决，人民法院对此无管辖权，应当裁定驳回瑞昕公司对青岛汇添盛公司的起诉。对于瑞昕公司与北京汇添盛公司、李某之间的诉讼，因后两者不是上述购销合同的当事人，该合同仲裁条款对其不具有法律约束力，人民法院有权管辖，应当继续审理瑞昕公司与当事人之间的诉讼。

近年来，在司法实践中出现了原告为规避仲裁条款，以侵权为由提起诉讼，并增加被告，选择便利于原告的所在地法院起诉的做法。为此，《第二次全国涉外商事海事审判工作会议纪要》第 7 条明确：“涉外商事合同的当事人之间签订的有效仲裁协议约定了因合同发生的或与合同有关的一切争议均应通过仲裁方式解决，原告就当事人在签订和履行合同过程中发生的纠纷以侵权为由向人民法院提起诉讼的，人民法院不享有管辖权。”但该条没有明确原告与其他没有签署仲裁条款的被告之间的纠纷如何处理。

该案在重申有效仲裁协议排除法院管辖原则的同时,对诉讼和仲裁进行了区分,规定原告和其他被告之间若没有仲裁条款,则该部分当事人之间的纠纷法院应予继续审理。

(四)涉代理行为的仲裁条款效力问题

在"中国交通进出口总公司(以下简称交通公司)与海峡油轮有限责任公司(以下简称海峡油轮公司)、江苏华泰创业有限公司船舶建造合同纠纷仲裁条款效力请示案"[最高人民法院(2018)最高法民他105号复函]中,法院查明:船舶建造合同没有交通公司盖章,仅在建造方签字处印有"卫某某　中国交通进出口总公司",并由卫某某签名。最高人民法院复函认为,根据我国《涉外民事关系法律适用法》第16条的规定,被代理人与代理人的民事关系适用代理关系发生地法律,船舶建造合同签订地在中国上海,故代理关系是否成立,应适用中国法律。交通公司否认授权卫某某签订船舶建造合同,且海峡油轮公司并未提供证据证明交通公司曾授权卫某某签字,故不能认定交通公司是船舶建造合同一方的当事人,合同仲裁条款对交通公司不具有约束力。

在"申请人中轻三联国际贸易有限公司(以下简称中轻三联公司)与被申请人塔塔国际金属(亚洲)有限公司(以下简称塔塔公司)申请确认仲裁协议效力案"[北京四中院(2017)京04民特25号民事裁定书(2018年12月14日)]中,申请人称,根据天津麦哲思公司授权与塔塔公司签订的《销售合同》,其作为代理人并非《销售合同》的当事人,不应受到合同仲裁条款的约束,且《销售合同》仲裁条款本身亦属于无效仲裁协议。案涉仲裁条款约定:“如果不能协商解决,应提交新加坡国际贸易仲裁委员会按照美国的仲裁规则进行仲裁。”法院认为,根据仲裁条款准据法新加坡法律的规定,该仲裁协议有效,申请人中轻三联公司如认为《销售合同》项下权利义务的实际承担人应为案外人,该主张是否成立应在案件进入实体审理后再予以审查,不属于该案的审查范围。据此,裁定驳回申请人的申请。

从两宗涉代理关系的仲裁条款效力案件来看,法院在仲裁条款效力判断时一般不涉及对表见代理、间接代理等因素的考虑,而仅以签字当事人及对签字当事人的授权来认定仲裁条款的真实意思表示,并据此确定受仲裁条款约束的当事人。这样可以有效避免在仲裁条款效力认定阶段涉及表见代理、间接代理等实体问题。值得注意是,在“中轻三联公司案”中,出现了境内外平行程序,新加坡国际仲裁中心的仲裁庭根据最密切联系原则,认定《销售合同》中约定的仲裁条款应适用中国法,认定仲裁协议中约定的仲裁机构为新加坡国际仲裁中心及仲裁地为新加坡,确认仲裁协议有效。仲裁庭还下达禁诉令,申请人中轻三联公司不得继续进行在北京市第四中级人民法院的确认仲裁协议效力之诉。因此,北京市第四中级人民法院裁定驳回中轻三联公司确认仲裁协议无效的申请,消除了平行程序的隐患。

（五）提单并入租约仲裁条款问题

在“安徽华伊商业贸易有限公司（以下简称华伊公司）与越南国家航运公司、中国再保险集团股份有限公司海上货物运输合同纠纷涉外仲裁条款效力案”［最高人民法院（2018）最高法民他 13 号复函］中,最高人民法院复函认为,该案系海上货物运输合同纠纷,诉争的法律关系并非航次租船合同关系,案涉提单为康金1994格式提单,提单虽然标注与“与租约一并使用”“依据租约支付运费”“仲裁条款并入本提单”,但提单并未明确指明具体被并入的租约、被并入租约的当事人名称及订立日期。且“依据租约支付运费”条款仅是对于运费支付标准的约定,并不涉及租约仲裁条款的并入,故不能认定航次租船合同的仲裁条款已并入提单,案涉仲裁条款对华伊公司不产生约束力。武汉海事法院作为运输目的地的海事法院,对该案具有管辖权。

在“上海欧达国际货运代理有限公司(以下简称欧达公司)与江苏舜天东昊经贸有限公司(以下简称东昊公司)海上货物运输合同纠纷管辖权异议请示案”[最高人民法院(2018)最高法民他184号复函]中,法院查明:欧达公司在签单前将案涉提单通过电子邮件发送给东昊公司进行确认,提单仲裁条款约定本提单所证明的货运合同下的争议应提交美国仲裁协会,并按其商事仲裁规则在纽约仲裁解决,但同时约定法院管辖条款“提单下的任何索赔或纠纷应只根据美国法律,货方对承运方的诉讼只提交美国纽约南区地方法院管辖”。最高人民法院复函认为,东昊公司以货物运输中发生货损为由,要求欧达公司赔偿损失。欧达公司虽在签单前将涉案提单通过电子邮件发送东昊公司进行确认,但未就其事先打印的争议解决条款向东昊公司作出特别说明。提单虽可作为海上货物运输合同的证明,但并非海上货物运输合同。东昊公司作为托运人虽然接受了上述提单,但目前并无证据证明东昊公司接受了上述条款,亦无证据证明托运人与承运人对系争争议解决条款达成了合意。案涉提单既有仲裁条款又有排他性的法院管辖条款,亦可印证双方未就争议解决方式达成一致。因此,上述条款对东昊公司没有约束力,上海海事法院作为起运港和被告住所地法院对该案具有管辖权。

仲裁条款是租约中用于解决双方当事人之间未来可能发生争议的条款,其相对于其他租约条款来说具有一定的独立性。海事海商司法实践长期形成的做法是,只有特殊的并入条款才能将仲裁这一争议解决条款并入提单,即通过明确、清晰的语言,将租约中某些特定的条款并入提单的条款:一是需在提单正面有明示约定;二是指明具体被并入的租约编号、当事人名称及订立日期;三是指明被并入的租约中的具体仲裁条款。航运中最常见的措辞如康金 1994 格式提单记载的"所有背面所示日期的租约的条款和条件,自由和免责,包括法律适用和仲裁条款并入本提单"的措辞,尚不足以发生将租约仲裁条款并入提单的法律效果。

(六)概括性仲裁条款的解释

在"申请人韩国 MEEJANSEN 公司与被申请人东莞市语缇化妆品有限公司(以下简称语缇公司)申请确认仲裁协议效力纠纷案"[广州中院(2018)粤 01 民特 207 号民事裁定书(2018 年 4 月 20 日)]中,MEEJANSEN 公司申请称,根据其与语缇公司签订的《业务合同》第 10 条"本合同未尽事项由双方协商决定,协商不成时,可交中国南沙国际仲裁中心处理"的内容,认为仲裁事项系"未尽事项",故约定不明确,应确认该仲裁条款无效。法院认为,涉案仲裁协议选定的仲裁机构在我国境内,该案适用中华人民共和国法律。《业务合同》第10.1条从字面意思来理解，双方实质约定的仲裁事项系与合同相关的，但合同没有明确约定且双方协商不成的所有事项，如该些事项协商不成时，提交中国南沙国际仲裁中心仲裁处理。由此可见，双方约定的仲裁事项是明确的。据此，上述仲裁条款有明确请求仲裁的意思表示、有明确的仲裁事项、有选定的仲裁委员会，符合我国《仲裁法》第16条的规定，应属有效条款。据此，法院裁定驳回MEEJANSEN公司的申请。

在"上诉人威沃克亚太控股有限公司、红鲷众创空间管理(上海)有限公司(以下简称红鲷公司)与被上诉人新疆融惠星和管理咨询有限责任公司(以下简称新疆融惠星和公司)等侵权纠纷管辖权异议上诉案"[(2018)最高法民辖终453号(2019年1月31日)]中，红鲷公司与新疆融惠星和公司签订的《房屋租赁合同》第29条约定："若因本合同(包括本合同的违约、终止或无效)产生任何争议、纠纷或索赔，或有关本合同的任何争议、纠纷或索赔，双方未在30日内达成相互接受的争议解决方案，则争议应由中国国际经济贸易仲裁委员会仲裁最终解决。"红鲷公司以侵权提起诉讼，最高人民法院认为，在解释合同当事人之间的争议解决条款范围时，人民法院应当依照合同解释原则来解释当事人的意愿，争议解决条款仅约定"因履行本协议而发生争议"，系当事人采用概况式约定对关联纠纷通过同一途径解决的合理预期，在解释仲裁事项范围时应作宽松理解，不仅包括合同权利义务争议，还包括合同而产生的侵权争议或其他争议，尽可能避免因不同诉由而产生法院或仲裁机构对同一事实或行为重复审理造成冲突。故无论当事人是以合同纠纷还是以侵权为由提起诉讼，均应受仲裁条款约束。

上述案例体现出人民法院熟练运用合同解释原则，充分尊重当事人通过概括性仲裁条款约定将与合同相关的纠纷事项提交仲裁解决的意愿，并尽可能使纠纷由同一机构解决的价值取向，这样不仅有利于遏制当事人滥用管辖权异议机制规避仲裁条款约束的现象，还有助于纠纷一次性低成本地便利解决。

（七）对仲裁条款中约定仲裁机构的解释

1. 仲裁机构约定不明的情形

在“申请人英国柏斯旺国际有限公司（Beswit International LTD.）与被申请人张强申请确认仲裁协议效力案”［无锡中院（2018）苏02民特26号民事裁定书（2018年12月26日）］中，涉案仲裁协议约定：“双方同意提交合同签订地仲裁委员会仲裁。”法院认为，案涉《工程居间合同》没有载明合同签订地，双方当事人对合同签订地存在争议，且均未提交证据予以证明。案涉仲裁协议约定的仲裁委员会不明确，当事人亦不能达成补充协议。根据我国《仲裁法》第18条的规定，案涉仲裁协议无效。

2. 仲裁机构表述不准确的情形

在“申请人赫华祥瑞投资控股有限公司与被申请人安中国际石油控股有限公司、周金辉申请确认仲裁协议效力案”［北京四中院（2018）京04民特115号民事裁定书（2018年9月14日）］中，涉案仲裁协议中约定的仲裁机构为“中国国际贸易经济仲裁委员会”。法院认为，贸仲委的正式名称为“中国国际经济贸易仲裁委员会”，虽然当事人在仲裁协议中约定的仲裁机构名称表述不够准确,但在文义上很容易判断当事人实际选定的仲裁机构就是“中国国际经济贸易仲裁委员会”,不会因此产生歧义,故不影响仲裁条款的效力。

在“申请人黄某与被申请人刘某某、维尔京群岛 Wisdom Client LIMITED 申请确认仲裁协议效力案”[北京四中院(2018)京 04 民特 54 号民事裁定书(2018 年 9 月 12 日)]中,申请人主张的撤裁事由为:仲裁条款约定“北京市仲裁委员会”不存在,且北京市不只存在一家仲裁委员会,无法确认当事人约定的仲裁机构是哪一家,因此该仲裁协议无效。法院认为,当事人约定的仲裁机构“北京市仲裁委员会”比北京仲裁委员会名称多一个“市”字,但两者极为相似,根据一般人的习惯表达以及通常认知可以判断该仲裁机构即指向北京仲裁委员会。根据最高人民法院《关于适用〈中华人民共和国仲裁法〉若干问题的解释》(以下简称《仲裁法司法解释》)第 3 条“仲裁协议约定的仲裁机构名称不准确,但能够确定具体的仲裁机构的,应当认定选定了仲裁机构”之规定,可以认定当事人选定了北京仲裁委员会作为仲裁机构,案涉仲裁条款有效。

3. 约定两个仲裁机构

在“申请人山东蓝海生态农业有限公司与被申请人金鹰水产(香港)有限公司申请确认仲裁协议效力案”[东营中院(2017)鲁 05 民特 60 号民事裁定书(2018 年 5 月 21 日)]中,案涉《合资合同》第 55 条对争议解决的约定为,“与本合同有关的一切争议,如双方不能协商解决,应提交北京中国国际贸易促进委员会对外经济贸易仲裁委员会根据该会的仲裁程序暂行规则进行仲裁，或应提交山东东营仲裁机构根据该仲裁机构的仲裁程序进行仲裁”。申请人请求确认案涉仲裁条款无效，被申请人则认为其作为中国香港特别行政区公司，不了解中国内地仲裁制度，在解释仲裁机构约定不明确的仲裁协议时，应尽可能朝着仲裁协议有效的方向解释。法院认为，案涉仲裁条款约定的两家仲裁机构所在地均在中国内地，参照我国《涉外民事关系法律适用法》第 18 条的规定，该案仲裁协议效力的审查应适用中国内地法律。有仲裁的意思表示和仲裁协议是否有效属于两个问题。仲裁协议有效的条件之一是有仲裁合意，这种合意不仅要求双方有选择仲裁的意思表示，还要有选定唯一仲裁机构的意思表示。在有明确法律规定的情形下，不能以诚实信用、鼓励交易等法律原则排除具体法律规定的适用。案涉仲裁条款约定了两家仲裁机构且当事人在事后无法达成一致意见，根据我国《仲裁法》第 16 条、第 18 条和我国《仲裁法司法解释》第 5 条的规定，该仲裁条款为无效条款。

我国《仲裁法》第 16 条第 2 款规定：“仲裁协议应当具有下列内容：（一）请求仲裁的意思表示；（二）仲裁事项；（三）选定的仲裁委员会。”在我国《仲裁法》实施初期，多数地方法院对“选定的仲裁委员会”采取较严格的标准，例如，在江苏高院（1997）苏民终字第 62 号民事裁定书中因“中国国际经济贸易仲裁委员会”漏掉“经济”两字，认定选定的仲裁委员会不存在，案涉仲裁协议无效。但是，随着我国《仲裁法司法解释》的颁布，各地法院对约定的仲裁机构解释开始采取从宽的认定标准，即使仲裁条款约定的仲裁机构名称不准确，但根据文义能够确定具体的仲裁机构的，认定选定了仲裁机构。但我国《仲裁法司法解释》也有严格的一面,对于仲裁条款约定了两家以上仲裁机构,而当事人又不能就仲裁机构选择达成一致的,我国《仲裁法司法解释》第5条规定应当认定仲裁协议无效,否定了最高人民法院,即《关于齐鲁制药厂诉美国安泰国际贸易公司合资合同纠纷一案中仲裁条款效力问题的答复》(法函〔1996〕176号)中适用的由当事人选择其一仲裁机构仲裁解决的规则。上述最后一个案例重申了按照我国《仲裁法司法解释》第5条处理的现行裁判规则。

(八)请求确认仲裁协议不成立之诉

在"申请人廖某某与被申请人美国居民张某某申请确认仲裁协议效力案"[重庆一中院(2018)渝01民特556号民事裁定书(2018年10月31日)]中,申请人请求确认《借款协议》中的申请人签字非其本人所签,双方之间没有约定过仲裁条款。经查明,《借款协议》仲裁条款约定:"协议以及相关协议项下发生的争议,当事人协商不成的,应当向重庆仲裁委员会申请仲裁"。法院认为,该案的立案案由是申请确认仲裁协议效力,但申请人的实际请求是请求确认其与被申请人之间不存在仲裁协议。基于司法的谦抑性,对仲裁的司法审查应当遵循审查范围法定及审查程序法定原则。没有仲裁协议属于撤销仲裁裁决的事由,但我国现行《仲裁法》及其相关司法解释并未规定当事人可就前述争议单独提起诉讼,故基于程序法定原则,对当事人提起的前述诉讼,人民法院不予受理,已经受理的,应予驳回。据此,裁定驳回申请人的申请。

在"申请人我国台湾地区居民黄某某与被申请人何某申请确认仲裁协

议效力纠纷案”[清远中院(2018)粤18民特127号民事裁定书(2018年11月23日)]中,申请人主张仲裁条款是被申请人签订《补充协议》后另行补写的,双方并没有对仲裁管辖条款达成合意。法院认为,《个人抵押借款合同》并未约定合同未尽事宜可另行议定,但之后双方协商一致补充签订了一份《补充协议》,《补充协议》系原合同不可分割的组成部分,与原合同具有同等法律效力。此外,案涉《补充协议》落款处有双方当事人签名,当事人信息、借款金额、担保标的物信息、收款银行账户、还款方式、仲裁条款等重要内容均为手写,手写部分的内容均没有涂改的痕迹,且《补充协议》载明双方各执一份,申请人未提交其持有的一份原件予以比对,故申请人主张仲裁条款是协议签订后被申请人另行补写的,证据不足,法院不予采信。鉴于案涉《补充协议》约定的仲裁条款已经包含了双方请求仲裁的意思表示、请求仲裁的事项和选定了清远仲裁委员会作为仲裁机构的内容,符合我国《仲裁法》第16条的规定,应属合法有效。因此法院认定,申请人申请确认其与被申请人之间没有达成仲裁协议的理由不成立,裁定驳回申请人的申请。

在“申请人广州市华商贸房产发展有限公司(以下简称华商贸公司)与被申请人英属维尔京群岛哈维斯特贸易投资有限公司(以下简称哈维斯特公司)申请确认仲裁协议效力案”[北京四中院(2016)京04民特39号民事裁定书(2018年1月29日)]中,申请人以其在《(资金借贷合同)条款修订协议(2005)》上加盖的公章不真实为由请求确认案涉仲裁协议无效,并请求对公章进行司法鉴定。经法院查明:申请人与被申请人于2004年签订《资金借贷合同》及《(资金借贷合同)条款修订协议(2004)》,约定将“争议事项交由香港国际仲裁中心进行终局仲裁”。2005年被申请人称其与申请人以及华顺达置业公司签订《(资金借贷合同)条款修订协议(2005)》,约定“三方之间、《资金借贷合同》和补充文件项下事宜发生纠纷,交中国国际经济贸易仲裁委员会进行终局裁判”。申请人与被申请人于2006年又签订协议,约定将争议提交广州仲裁委员会仲裁。后被申请人根据《(资金借贷合同)条款修订协议(2005)》向贸仲委提起仲裁。法院认为,申请人虽对仲裁条款的真实性提出异议,但未能提供初步证据证明《(资金借贷合同)条款修订协议(2005)》系伪造或存在我国《仲裁法》第17条、第18条规定的无效情形,不能得出上述协议中的仲裁条款不存在或无效的结论。双方其后又于2006年签订仲裁协议,对解决双方争议的仲裁机构重新达成约定,故《(资金借贷合同)条款修订协议(2005)》仲裁条款被2006年协议仲裁条款所替代而对双方不再具有约束力,对申请人提出的公章鉴定申请不予准许。据此,裁定确认《(资金借贷合同)条款修订协议(2005)》中的仲裁条款对申请人华商贸公司和被申请人哈维斯特公司不具有约束力。

我国《仲裁法》第21条第1款规定:“当事人对仲裁协议的效力有异议的,可以请求仲裁委员会作出决定或者请求人民法院作出裁定。一方请求仲裁委员会作出决定,另一方请求人民法院作出裁定的,由人民法院裁定。”可以看出,我国对仲裁协议效力异议制度采取法院与仲裁机构“并存控制、法院终局决定”的原则,但对法院就仲裁协议的审查范围是否包括仲裁协议的成立及失效、仲裁协议所约束的当事人、仲裁协议所约束的仲裁事项等均未作明确规定。因此，在实践中就法院是否应当受理确认仲裁协议不成立之诉，以及受理后是否应就仲裁条款的真实性进行全面审查，存在较大争议。就诉权而言，当事人请求确认仲裁协议不成立、不存在、失效都是对仲裁协议效力提出的异议，诉讼性质上与请求确认仲裁协议无效均属于消极确认之诉，系在双方对仲裁协议的效力存有争议的情况下，一方为谋求法律关系的安定性而提起的诉讼，因此应当根据我国《仲裁法》第20条的规定赋予当事人诉权。对于法院受理该类案件后的审查范围如何确定，尤其在涉及签章真实性问题时，是否需要进行全面审查，在司法实践中也不无争议。法院审查范围问题，实质是确定法院或仲裁庭的权力划分模式。部分外国法院采取延后审查的模式，即在争议初期，法院仅对仲裁协议效力作表面审查，法院只有在仲裁协议明显无效的案件中才认定仲裁协议无效，即法院在受理申请撤销或执行仲裁裁决时，才对仲裁庭管辖权作全面审查。但该种审查模式建立在仲裁自裁管辖制度基础上，模式本身也存在一定争议，而我国《仲裁法》第20条并未建立仲裁自裁管辖原则，能否借鉴该模式值得进一步研究。

（九）仲裁事项的确定

在“申请人中国中材进出口有限公司（以下简称中材公司）与被申请人印度尼西亚麦捷能源发展有限公司（以下简称麦捷公司）、七台河金辰矿业有限公司、山东招辰建设工程有限公司申请确认仲裁协议效力案”［北京四中院（2018）京04民特12号民事裁定书（2018年11月19日）］

中,中材公司主张其与麦捷公司签订的《印尼煤矿项目货物出口合同》约定争议提交中国国际经济贸易仲裁委员会仲裁,《补充协议》虽然约定争议提交北京仲裁委员会仲裁解决,但麦捷公司没有就仲裁机构的变更合理提示申请人,故争议交由北京仲裁委员会仲裁解决并非中材公司的真实意思表示,请求确认《补充协议》仲裁条款无效。法院认为,该案系相关当事人对《补充协议》中订立的仲裁条款发生的争议,该协议请求仲裁的意思表示清楚,仲裁事项及选定的仲裁机构均清楚、明确,亦无证据证明该协议存在我国《仲裁法》第17条规定的仲裁协议无效之情形,据此裁定驳回申请人的申请。

在"上诉人马士基航运有限公司(MaerskLine A/S)(以下简称马士基公司)与被上诉人天津航星国际货运代理有限公司(以下简称航星公司)、一审被告普罗旺斯番茄制品(天津)有限公司、天津欧尚国际货运代理有限公司海上货物运输合同纠纷系列案"[(2018)津民终260号民事裁定书(2018年11月26日)]中,天津市高级人民法院认为,马士基公司起诉时主张航星公司作为托运人的货运代理人,应披露真实的托运人,如不能披露,则应被认定为托运人而承担相应责任。航星公司向马士基公司订舱托运货物系《订舱代理协议》所约定的事项。一审法院第一次庭审结束后,马士基公司补充提交《订舱代理协议》,主张航星公司具有货运代理人和船舶代理人双重身份,马士基公司按照《订舱代理协议》享有直接主张提单项下运输费用的请求权。尽管马士基公司先后提出的诉讼理由不同,但该案争议始终在《订舱代理协议》仲裁条款涵盖范围内,即属于"任何因本协议引起的或与之有关的争议”,故法院认定,马士基公司和航星公司应受该仲裁条款的约束。

在司法实践中,经常出现彼此相关联的合同约定提交不同争议解决方式或不同仲裁机构解决纠纷的情况,法院通常遵循文义解释的原则确定仲裁事项。

(十)提出仲裁协议的主管异议期间

在“上诉人马士基公司与被上诉人航星公司、一审被告普罗旺斯番茄制品(天津)有限公司、天津欧尚国际货运代理有限公司海上货物运输合同纠纷系列案”中,经查明:马士基公司在第一次开庭审理后,补充提交其与航星公司签订的《订舱代理协议》,并明确按该协议向航行公司主张权利。其后,该案第二次开庭审理时,航星公司以存在仲裁协议为由提出管辖异议。天津海事法院一审认为,马士基公司起诉时请求航星公司作为托运人承担责任,而不是按照《订舱代理协议》提起诉讼。马士基公司开庭时援引《订舱代理协议》并变更诉讼依据,需要给航星公司新的答辩期。航星公司提出其与马士基公司存在有效仲裁协议的理由成立,裁定驳回马士基公司的起诉。天津市高级人民法院二审认为,尽管马士基公司先后提出的诉讼理由不同,但该案争议始终在《订舱代理协议》仲裁条款涵盖范围内,航星公司作为签订《订舱代理协议》的一方,明知该协议中有仲裁条款,却在一审法院首次开庭前未对该院受理该案提出异议,依照我国《仲裁法》第26条的规定,一审法院应当继续审理该案。据此,撤销原审裁定,该案指令天津海事法院审理。

我国《仲裁法》第26条规定:“当事人达成仲裁协议,一方向人民法院起诉未声明有仲裁协议,人民法院受理后,另一方在首次开庭前提交仲裁协议的,人民法院应当驳回起诉,但仲裁协议无效的除外;另一方在首次开庭前未对人民法院受理该案提出异议的,视为放弃仲裁协议,人民法院应当继续审理。”《仲裁法司法解释》第14条规定:“仲裁法第二十六条规定的‘首次开庭’是指答辩期满后人民法院组织的第一次开庭审理,不包括审前程序中的各项活动。”在上述案例中,航星公司在首次开庭时应诉答辩,未以存在仲裁协议为由提出主管异议,已经构成应诉管辖,在前后诉讼请求并无变化的情况下,不能因法院允许其补充答辩而再行提出主管异议。

二、外国仲裁裁决的承认和执行

(一)申请承认和执行外国仲裁裁决案件的管辖权问题

1.关联案件受理地法院的管辖问题

在“申请人中源船务有限公司(以下简称中源公司)与被申请人康纳航运有限公司(以下简称康纳公司)申请承认外国仲裁裁决案”[天津海事法院(2018)津72民特2号民事裁定书(2018年5月25日)]中,双方签订航次期租合同,以“伊莲娜”轮承运一批钢材自中国天津新港运至埃及杜姆亚特港,船舶抵达目的港后,收货人向康纳公司提起货损索赔。康纳公司为避免船舶被扣押,向收货人提供担保,并根据租约在伦敦海事仲裁员协会向中源公司提起仲裁。仲裁庭作出终局裁决,裁令中源公司对货损承担责任,又作出第二裁决确定赔偿数额。中源公司请求承认第二裁决。法院认为,康纳公司住所地和财产所在地均不在我国内地,但该院受理的"(2016)津72民初501号案"中源公司作为原告,以天津市天钢国际贸易有限公司为被告,以康纳公司为第三人,就仲裁纠纷所涉运输事项提起的追偿诉讼,与仲裁案件有关联。最高人民法院《关于审理仲裁司法审查案件若干问题的规定》第3条规定:"外国仲裁裁决与人民法院审理的案件存在关联,被申请人住所地、被申请人财产所在地均不在我国内地,申请人申请承认外国仲裁裁决的,由受理关联案件的人民法院管辖。"因此,该院可以受理审查此案。该案被申请人未就《纽约公约》第5条第1款拒绝承认和执行情形提出审查事项,亦未发现存在该公约第5条第2款规定的违反可仲裁性和公共政策的情形,以及我国缔约保留事项,据此裁定承认仲裁裁决效力。

2. 管辖权异议

在"上诉人日照兴裕嘉贸易有限公司(以下简称日照公司)因与被上诉人艾地盟亚太贸易有限公司申请承认和执行外国仲裁裁决管辖权异议案"[山东高院(2018)鲁民他1号民事裁定书(2018年1月10日)]中,日照公司不服日照市中级人民法院(2016)鲁11协外认4号之一民事裁定,上诉称,其在注册地没有经营业务,主要经营业务在沂南县岸堤镇,故该案应由临沂市中级人民法院管辖。法院认为,上诉人在工商营业执照上登记的住所及案涉销售合同中注明的公司地址均为山东省日照市,属于日照市中级人民法院辖区,日照市中级人民法院对该案具有管辖权。日照公司主张其主要办事机构在沂南县岸堤镇,除其自述外未提供证据证明其主张,据此裁定驳回上诉,维持原裁定。

在"申请人庄信万丰戴维科技有限公司(以下简称庄信公司)等与被申请人鲁西化工集团股份有限公司(以下简称鲁西公司)申请承认和执行外国裁决案"[济南中院(2018)鲁01协外认7号民事裁定书(2018年8月17日)]中,鲁西公司以其主要办事机构所在地在山东省聊城市为由提出管辖权异议。庄信公司则认为,鲁西公司拥有全资子公司鲁西南装备科技公司的股权,而后者登记地在济南。法院认为,财产所在地中级人民法院只适用于被执行人在我国无住所、居所或者主要办事机构,但财产在我国境内的自然人或法人。鲁西公司主要办事机构在山东省聊城市,裁定移送聊城市中级人民法院管辖。

3. 申请承认和执行案件的不予受理

在"上诉人昌盛贸易公司因被上诉人河南江河工业有限责任公司(以下简称江河公司)申请承认和执行国外仲裁裁决案"[江苏高院(2016)苏民终783号民事裁定书(2016年9月22日)]中,昌盛贸易公司就其与江河公司的合资争议依据合资合同仲裁条款向SCC提交仲裁请求。仲裁院裁决昌盛贸易公司享有资产清算和解散合资企业——连云港亚洲集装箱有限公司(以下简称连云港集装箱公司)的权利,以及江河公司有责任参与解散及解决在资产清算、解散中产生的问题等。昌盛贸易公司认为江河公司拥有连云港集装箱公司的资产,其主要财产所在地在江苏省连云港市,故向连云港市中级人民法院请求承认案涉仲裁裁决。连云港市中级人民法院一审认为,江河公司住所地在河南省,原连云港集装箱公司的所有资产因其他诉讼案件经强制执行程序已被清偿分配,故江河公司在连云港市已无财产。昌盛贸易公司的申请不符合法律规定的受理条件,依照我国《民事诉讼法》第119条第4项之规定,裁定对昌盛贸易公司的申请不予受理。后昌盛贸易公司提起上诉。江苏省高级人民法院认为,昌盛贸易公司未提供可初步证明江河公司财产在江苏省连云港市的证据,江河公司以及承继其债权债务的公司住所地均在河南省,故连云港市中级人民法院对该案没有管辖权,裁定驳回上诉,维持原裁定。

(二)《纽约公约》不予承认和执行抗辩事由的审查范围

1. 超出《纽约公约》第5条范围的抗辩事项

在"申请人嘉能可运营南非(私人)有限公司与被申请人北方重工集团有限公司申请承认和执行国际商会国际仲裁院21190/TO号仲裁裁决案"[沈阳中院(2018)辽01协外认8号民事裁定书(2018年9月6日)]中,被申请人抗辩认为,ICC所述仲裁地为南非,但该仲裁院在南非并未设有仲裁机构,另仲裁裁决实体未扣除合同质保金的裁判有误。法院认为,关于ICC的注册地及在南非是否设有仲裁机构以及裁决金额中未扣除质保金,是否影响案涉仲裁裁决的承认及执行的问题,根据《纽约公约》第5条第1款的规定,被请求承认或执行裁决的管辖当局只有在作为裁决执行对象的当事人提出有关5种情况的证明时,才可以根据该当事人的要求,拒绝承认和执行该裁决。而该案被申请人未能提供证据证明存在《纽约公约》中规定的5种拒绝承认和执行的情况,故对被申请人的抗辩理由不予支持,裁定承认和执行涉案仲裁裁决。

2. 无抗辩事由时的审查

在“申请人广东中远海运重工有限公司与被申请人巴林王国布兰科公司申请承认与执行外国仲裁裁决案”[广州海事法院(2018)粤72协外认2号民事裁定书(2018年11月13日)]中,被申请人未抗辩不予执行案涉英国海事裁决。法院认为,申请人与被申请人申请仲裁事项为船舶改装合同下的改装费和其他损失索赔纠纷,属于我国法律上认定的契约性商事法律关系,应当适用《纽约公约》。涉案仲裁裁决作出的时间为2017年9月21日,申请人于2018年7月9日向该院提出承认及执行该仲裁裁决的申请,未超过我国《民事诉讼法》第239条关于申请执行期间为2年的规定。被申请人未根据《纽约公约》第5条第1款的规定,对涉案仲裁裁决提出不予承认和执行的抗辩。经审查,涉案仲裁裁决未出现《纽约公约》第5条第2款规定的拒绝承认与执行的情形,承认及执行涉案裁决。

在“申请人东亚油轮公司与被申请人长成新能股份有限公司申请承认与执行外国仲裁裁决案”[广州海事法院(2018)粤72协外认1号民事裁定书(2018年10月12日)]中,被申请人未进行抗辩,也未提交证据材料。法院查明:申请人与被申请人于2015年6月19日签订了“Dong-ARigel”油轮租约确认书,其中并入了船舶经纪人与代理人协会油轮航次租船格式合同(Asbatankvoy)的条款。租约确认书约定,共同海损理算及争议应根据英国法律在伦敦进行仲裁。因与被申请人就滞期费发生争议,申请人提起仲裁。法院认为,涉案仲裁裁决作出的时间为2017年5月15日且裁决立即履行，申请人于2018年4月2日向法院提出承认及执行该仲裁裁决的申请，未超过我国《民事诉讼法》第239条关于申请执行期间为2年的规定。申请人提交的仲裁裁决书经过法定的公证认证及中文译本，也提交了航次租约及其中文译本，其申请在文件提交方面符合《纽约公约》第4条的规定。被申请人未根据《纽约公约》第5条第1款的规定，对涉案仲裁裁决提出不予承认和执行的抗辩。法院经审查，涉案英国仲裁裁决书未出现《承认及执行外国仲裁裁决公约》第5条第2款规定的拒绝承认与执行的情形，裁定承认与执行涉案裁决。

在"申请人中源船务有限公司与被申请人康纳航运有限公司申请承认外国仲裁裁决案"[天津海事法院(2018)津72民特2号民事裁定书(2018年5月25日)]中，被申请人未就《纽约公约》第5条第1款拒绝承认和执行情形提出审查事项，亦未发现存在该公约第5条第2款规定的违反可仲裁性和公共政策的情形，以及我国缔约保留事项，据此裁定承认仲裁裁决效力。

(三)仲裁协议成立问题

在"申请人俄罗斯弗拉基米尔市俄瓦尔弗有限公司与被申请人浙江台州黄岩精正模具有限公司申请承认和执行外国仲裁裁决纠纷案"[台州中院(2018)浙10协外认1号民事裁定书(2018年4月4日)]中，被申请人答辩认为，双方当事人之间实际生效的合同没有约定相关的仲裁条款，因此俄罗斯仲裁机构没有管辖权。法院认为，双方签订的买卖合同文本语言为英文和俄文，每一页均加盖有"浙江台州黄岩精正模具有限公司"字样的印章,并有该公司法定代表人“王某某”字样的签名,其中该合同第13条仲裁条款明确约定相关争议提交俄罗斯联邦工商会国际商事仲裁庭仲裁,被申请人精正公司抗辩不能成立,裁定承认和执行涉案仲裁裁决。

在“申请人瑞士路易达孚商品有限责任公司(以下简称路易达孚公司)与被申请人宁波前程进出口有限公司(以下简称前程公司)申请承认和执行外国仲裁裁决案”[宁波中院(2015)浙甬仲确字第5号民事裁定书(2018年2月24日)]中,被申请人辩称,前程公司从未收到双签的合同版本,涉案合同并未成立,双方未就仲裁条款达成一致意见,国际棉花协会没有管辖权,请求驳回路易达孚公司的申请。法院认为,根据查明事实,国际棉花协会依据路易达孚公司的申请,对争议的22份原棉销售合同进行仲裁。从争议双方就上述22份合同的协商过程来看,路易达孚公司于2012年10月8日向前程公司发送“合同终止函”,并且附有涉案22份原棉销售合同在内的所有合同编号清单。前程公司在2012年10月26日的答复中对于上述22份合同的成立并未提出异议,仅要求根据其履行困难的情况进一步协商。前程公司的该答复函不仅表明案涉22份合同已经成立,同时也证明双方就合同中包含的仲裁条款达成合意,国际棉花协会有权依据合同中的仲裁条款进行仲裁,据此,裁定承认和执行涉案裁决。

(四)仲裁程序问题

1. 证据提交问题

在“申请人瑞士路易达孚商品有限公司(以下简称路易达孚公司)与被申请人宁波前程进出口有限公司(以下简称前程公司)申请承认和执行

外国仲裁裁决案”[宁波中院(2015)浙甬仲确字第5号民事裁定书(2018年2月24日)]中,被申请人辩称,前程公司未收到国际棉花协会作出的裁决书,前程公司也从未收到双签的合同版本,涉案合同并未成立,双方未就仲裁条款达成过一致意见,国际棉花协会没有管辖权;路易达孚公司于仲裁开始一年多后即2014年1月29日方才提交S1043、S1044、S1045三份合同所谓的双签版本,且其提交时间也超过了仲裁庭所设定的2014年1月16日的文件最晚提交日期,故仲裁程序违法。综上所述,请求驳回路易达孚公司的申请。法院认为,国际棉花协会于2014年10月29日通过电子邮件已经向前程公司送达了裁决书;关于前程公司提出的三份合同的提交时间问题,法院经审查认为,虽然该三份合同的提交时间确实晚于仲裁庭所指定的证据提交期间,但该程序瑕疵并不属于《纽约公约》所规定的拒绝承认和执行仲裁裁决的情形。

2. 适当通知问题

在“申请人金光农业国际私人有限公司(Goldenagri International PTE LTD.)与被申请人山东昌华事业发展有限公司(以下简称昌华公司)申请承认新加坡国际仲裁中心仲裁案”[山东日照中院(2017)鲁11协外认4号民事裁定书(2018年8月23日)]中,被申请人昌华公司抗辩称,被申请人已经进入破产程序,公司邮件收发管理混乱,应当由申请人举证证明已适当通知。法院认为,有关指定仲裁员通知等问题,送达地址为被申请人的地址,即山东省日照市岚山区安东卫昌华工业园,送达查询页显示邮件到达中国青岛后的转派件详情无法查询,但均显示已送达,而涉案仲裁裁决书首次送达显示为未送达、退回发件人,未送达的邮件查询结果与已送达但送达详情无法查询的邮件相较,可以认定之前指定仲裁员等通知均已送达被申请人。裁定承认涉案仲裁裁决。

在“申请人黎曰九与被申请人北海新中利贸易有限公司(以下简称新中利公司)申请承认和执行外国仲裁裁决案”[最高人民法院(2018)最高法民他9号复函]中,被申请人抗辩认为,其未收到仲裁庭的相关材料。最高人民法院复函认为,根据越南国际仲裁中心的仲裁规则第3条“通告、资料的发送,时限计算方式:中心可直接或者通过挂号信、电子信件、传真或者确认寄送形式中的任何其他方式按照各方提供的地址给各方寄送通告、资料。中心给各方寄送的通告、资料在已经寄达的通告、资料符合第2款时视为在各方已经收件或者视为已经在送件日期收件”的规定,虽然邮寄方式为仲裁规则所许可,但寄送结果仍应实际达到或足以推定达到,使接受邮寄一方获得“适当通知”。新中利公司的登记注册地址和争议合同中所载地址是相同的,越南国际仲裁中心仲裁庭有机会亦能按照正确地址送达。现有证据表明,仲裁庭仅在送达裁决书的第5次寄送中正确书写了新中利公司的地址。鉴于第2次、第3次寄送内容为开庭通知、仲裁庭组成通知,第4次寄送内容为要求双方当事人提交案件材料,上述寄送内容均为当事人在仲裁程序中应当享有的重要程序权利并直接影响其申辩权的行使,结合该案仲裁被申请人在仲裁程序中没有应诉、没有选择仲裁员等实际情形,仲裁庭在送达方面未尽谨慎义务并已实际造成剥夺当事人申辩权的结果。第5次送达尽管地址正确,但因仲裁程序已经终结,无法构成对上述重大程序瑕疵的有效弥补。案涉仲裁裁决存在《纽约公约》第5条第1款乙项规定之情形，越南国际仲裁中心作出的案涉仲裁裁决不应予以承认和执行。

3. 仲裁庭组成问题

在“申请人金光农业国际私人有限公司与被申请人山东昌华公司申请承认新加坡国际仲裁中心仲裁案”[山东日照中院(2017)鲁11协外认4号民事裁定书(2018年8月23日)]中，被申请人昌华公司抗辩称被申请人已经进入破产程序，公司邮件收发管理混乱，应当由申请人举证证明已适当通知；根据仲裁条款约定，仲裁庭应由3名仲裁员组成，一方当事人应在任何一方提出书面请求后的14日内任命一名仲裁员，如一方当事人在该条规定的期限内没有或拒绝指定仲裁员，则另一方可以书面通知对方，如在7日内仍未指定仲裁员的，另一方指定的仲裁员即成为独任仲裁员。在被申请人未提名仲裁员的情况下，新加坡国际仲裁中心任命了申请人一方指定的仲裁员为独任仲裁员，该仲裁庭组成的约定和实际指定方式违反了《新加坡国际仲裁中心仲裁规则》第8条的规定。法院认为，关于仲裁庭组成是否违反新加坡国际仲裁中心仲裁规则的问题，合同仲裁条款约定3人仲裁庭无法组成时即改为独任仲裁，此项约定并不违反新加坡国际仲裁中心的仲裁规则。

(五)公共政策问题

在“申请人株式会社ACUON资本与被申请人田某等申请承认及执行国外仲裁裁决案”[吉林延边朝鲜族自治州中院(2018)吉24协外认163

号民事裁定书(2018年11月15日)]中,被申请人抗辩认为,案涉连带保证合同是中国公民向韩国企业的借款提供保证,没有到外汇管理局办理境外担保批准和登记,系无效担保合同;承认或执行大韩商事仲裁院作出的仲裁裁决将严重违反我国公共政策。法院认为,所涉仲裁裁决系在韩国作出,我国和韩国均为《纽约公约》缔约国,涉案仲裁裁决是否应当予以承认和执行,应依照上述公约和我国《民事诉讼法》的相关规定予以审查。大韩商事仲裁院依当事人签订合同中约定的准据法即韩国法律来进行仲裁,不具有上述《纽约公约》第5条规定的情形。承认与执行该案的仲裁裁决,亦不违反我国的公共政策。因此,裁定承认和执行大韩商事仲裁院作出的仲裁裁决。

在"申请人韩国沧溟海运株式会社与被申请人河北远洋运输集团股份有限公司(以下简称远洋公司)申请承认外国仲裁裁决案"[青岛海事法院(2018)鲁72协外认1号民事裁定书(2018年11月5日)]中,被申请人远洋公司抗辩认为,对外担保未经外汇主管部门批准,违反我国公共政策。法院认为,远洋公司未经我国有关主管机关批准或者登记对外担保的行为,虽然违反我国有关对外担保的法律规定和国家外汇管理政策,但承认案涉仲裁裁决不会导致违反我国法律基本原则、侵犯我国国家主权、危害国家及社会公共安全、违反善良风俗等危及我国根本社会公共利益的情形,故对其公共政策抗辩主张,不予支持。

在"申请人帕尔默海运公司(以下简称帕尔默公司)与被申请人中牧实业股份有限公司(以下简称中牧公司)申请承认和执行外国仲裁裁决

案”[天津海事法院(2017)津72协外认1号民事裁定书(2018年8月11日);最高人民法院(2017)最高法民他140号复函]中,最高人民法院复函认为,中牧公司于2016年5月向广州海事法院起诉,要求帕尔默公司承担货损责任,帕尔默公司以双方存在仲裁协议为由提出管辖权异议,最高人民法院以(2017)最高法民他83号复函答复广东省高级人民法院,认为租约中的仲裁条款未并入提单且提单背面仲裁条款无效,广州海事法院于2017年10月16日裁定驳回帕尔默公司管辖权异议,广东省高级人民法院于2018年1月驳回帕尔默公司上诉。法院认为,在中国法院已对当事人之间仲裁条款存在及效力作出否定性判断的前提下,如承认及执行基于上述仲裁条款作出的仲裁裁决,其结果是在同一法域针对相同事实作出截然相反的司法判断,有违国家法律价值观念的统一和一致,不应当被排除在“公共政策”范围之外。根据《纽约公约》第5条第2款乙项之规定,对伦敦仲裁庭于2016年9月9日作出的仲裁裁决不应予以承认和执行。

从上述申请承认和执行外国仲裁裁决的案例可以看出:第一,近年来申请承认和执行外国仲裁裁决案件的管辖权异议纠纷有上升趋势,其不乏当事人利用管辖权异议拖延程序的情形。根据最高人民法院《关于执行我国加入的〈承认及执行外国仲裁裁决公约〉的通知》第3条的规定,对当事人的承认和执行申请,由被执行人户籍所在地、居所地、法人主要办事机构所在地的中级人民法院受理,被执行人在我国无住所、居所或主要办事机构,但有财产在我国境内的,由财产所在地中级人民法院受理。上述规定的管辖权连接点过窄。2018年1月实施的最高人民法院《关于审理仲裁司法审查案件若干问题的规定》第3条扩大了管辖权连接点，规定被申请人住所地、被申请人财产所在地均不在我国内地，外国仲裁裁决与人民法院审理的案件存在关联的，由受理关联案件的人民法院管辖；与我国内地仲裁机构审理的案件存在关联的，由受理关联案件的仲裁机构所在地的中级人民法院管辖。今后应进一步明确申请人有权选择任一管辖权连接点的中级人民法院提出承认和执行申请，便利裁决的执行。第二，各法院受理承认和执行裁决申请后，围绕被申请人的抗辩事由进行审查，凡被申请人未提出《纽约公约》第5条第1款不予承认和执行情形的，人民法院不予审查。同时，各法院明确区分该公约第5条第1款由被申请人举证证明拒绝承认和执行的情形和第5条第2款人民法院依职权主动审查的情形，较好保障了《纽约公约》的准确执行。第三，在仲裁程序主要审查是否违反当事人约定以及当事人同意适用的仲裁规则。根据《纽约公约》第5条第1款乙项的规定，如当事人未接获关于指派仲裁员或仲裁程序的适当通知导致未能申辩，构成拒绝承认与执行仲裁裁决的法定事由。在判断适当通知标准时，要求实际到达或者根据仲裁规则足以推定受送达一方已经获得适当通知。第四，继续把握严格界定公共政策的原则，承认仲裁裁决不会导致违反我国法律基本原则、侵犯我国国家主权、危害国家及社会公共安全、违反善良风俗等危及我国根本社会公共利益的情形，则对公共政策的抗辩主张不予支持。值得关注的是，近年来出现了仲裁条款效力确认的国际平行程序，即一方在境外依据仲裁条款提起仲裁，另一方则在国内起诉请求确认仲裁条款无效。由于请求确认仲裁条款效力的冲突规范与《纽约公约》的规定不完全相同，因此至外国仲裁裁决申请承认和执行阶段，往往会面临中国法院确认仲裁条款无效的裁定已经生效的情形。法院从维护司法主权及生效裁定既判力的角度，会通过公共政策条款拒绝承认和执行外国仲裁裁决。涉外仲裁条款效力确认的平行程序和裁定既判力问题值得今后进一步研究。

三、对我国港澳台地区仲裁裁决的认可和执行

（一）超范围裁决

在“申请人英属开曼群岛商智龙二基金公司（以下简称智基公司）与被申请人周某庭等申请认可和执行香港国际仲裁中心仲裁裁决案”［北京四中院（2016）京04认港2号民事裁定书（2018年4月16日）］中，被申请人其中一项抗辩事由为，申请人申请认可裁决时，仅选择21个仲裁被申请人中的12个被申请人，导致所余9个当事人无法陈述意见。法院认为，根据该案查明的事实，涉案仲裁裁决共有21个被申请人，申请人智基公司在提起仲裁时，仅请求中国职业教育有限责任公司和5个创始人，即周某庭、周某奎、郑某某、陈某某、李某某和瑞明公司共7个主体承担赎回、回购义务，但仲裁裁决第1项、第2项却裁决所有仲裁被申请人承担回购义务，显然超出了智基公司提出的仲裁请求。且涉案仲裁裁决系将所有21个被申请人作为一个整体作出裁决，裁决事项不可分，应整体不予认可和执行，故根据最高人民法院《关于内地与香港特别行政区相互执行仲裁裁决的安排》（以下简称《执行裁决安排》）第7条第1款第3项的规定，裁定不予认

可和执行案涉仲裁裁决。

(二)违反法定程序

在“申请人亚洲海事太平洋租船有限公司(以下简称太平洋公司)与被申请人匹克国际贸易(天津)有限公司(以下简称匹克公司)申请执行香港特别行政区仲裁裁决案”[天津海事法院(2018)津72民特13、14号(2018年10月30日)]中,被申请人抗辩认为,航次租船合同解决争议条款表述为“香港仲裁,适用英国法,其他条款依据GENCON 1994租船合同格式”,即中国香港特别行政区只是仲裁地点,应当适用英国仲裁程序法及英国实体法,该案仲裁援引中国香港特别行政区仲裁程序法《仲裁条例》解决争议错误。匹克公司在太平洋公司代理律师的误导下,错误认可并选择独任仲裁员,仲裁庭由太平洋公司单方选定的仲裁员组成,违反仲裁规则,构成《执行裁决安排》中第7条第4项“仲裁庭的组成或者仲裁程序与当事人之间的协议不符”的不予执行的情形。法院认为,涉案《租船确认书》第13条约定:“租船合同将在英国法下进行,如有仲裁,将在香港进行,仲裁裁决作为最终结果。”上述约定应理解为仲裁地为中国香港特别行政区,合同适用的实体法为英国法,因此仲裁适用程序法应为仲裁地法律,即中国香港特别行政区《仲裁条例》。香港国际仲裁中心根据《仲裁条例》决定该案由独任仲裁员进行审理,双方当事人共同选定独任仲裁员进行仲裁不违反当事人的协议,因此裁定执行涉案裁决。

在“来宝资源国际私人有限公司、天津市滨海新区枫泽商贸有限公司申请认可和执行香港特别行政区仲裁裁决案”[天津二中院(2018)津02

认港1号民事裁定书(2018年6月27日)]中,被申请人认为,申请人没有提供案件所涉的实际合同,仲裁程序违法。法院认为,香港国际仲裁中心裁决系依照双方当事人之间合法有效的仲裁条款作出的,被申请人虽然主张仲裁程序违法,但没有提供相应的证据予以证实。申请人的申请在我国《民事诉讼法》第239条规定的期限内提出,且裁决不存在我国《执行裁决安排》中第7条所列明的可不予执行情形,亦不违反我国内地社会公共利益及香港特别行政区的公共政策,故裁定执行案涉裁决。

(三)管辖权异议

在"上诉人商洛比亚迪实业有限公司(以下简称比亚迪公司)与被上诉人施密德公司申请承认和执行香港国际仲裁中心HKIAC/A15034号仲裁裁决案"[陕西高院(2018)陕民辖终136号(2018年12月16日)]中,申请人向西安市中级人民法院申请认可和执行裁决,被申请人提出管辖权异议称,比亚迪公司的住所地、所涉争议标的物及所涉财产所在地为陕西省商洛市中级人民法院,西安市中级人民法院对该案没有管辖权。陕西省高级人民法院认为,依据最高人民法院《关于涉外民商事案件诉讼管辖若干问题的规定》第1条第2项规定的第一审涉外民商事案件由"省会、自治区首府、直辖市所在地的中级人民法院管辖"以及最高人民法院《关于指定陕西省咸阳市、宝鸡市、汉中市中级人民法院管辖一审涉外民商事案件的批复》的规定,陕西省商洛市无涉外民商事案件管辖权,故该案应由陕西省会所在地的西安市中级人民法院管辖。一审法院裁定驳回比亚迪公司提出的管辖权异议,并无不当。裁定驳回上诉,维持原裁定。

2018 年未查找到申请认可和执行我国澳门特别行政区和我国台湾地区仲裁裁决的案例。从涉我国香港特别行政区仲裁裁决案例来看,能够按照《执行裁决安排》的规定进行审查,但在公共政策审查表述方面,出现了同时审查是否违反我国内地社会公共利益和香港特别行政区公共政策的情况,不符合我国《执行裁决安排》第 7 条第 3 款“内地法院认定在内地执行该仲裁裁决违反内地社会公共利益,或者香港特区法院决定在香港特区执行该仲裁裁决违反香港特区的公共政策,则可不予执行该裁决”规定要求我国内地法院仅审查裁决是否违反内地社会公共利益的内容。此外,从便利仲裁裁决执行的角度来看,今后似乎可以考虑参照最高人民法院《关于适用〈中华人民共和国民事诉讼法〉执行程序若干问题的解释》第 3 条的规定,对管辖权异议裁定采取向上一级人民法院复议,但复议期间不停止认可和执行程序的做法,防止当事人滥用管辖权异议拖延裁决执行。

四、涉外、涉我国港澳台地区仲裁裁决的撤销和不予执行审查

(一)对最高人民法院第 15 号批复的理解

最高人民法院第 15 号批复《关于对上海市高级人民法院等就涉及中国国际经济贸易仲裁委员会及其原分会等仲裁机构所作仲裁裁决司法审查案件请示问题的批复》自 2015 年 7 月 17 日起施行。该批复第 3 条规定,批复施行之前,中国贸仲委或者华南贸仲、上海贸仲已经受理的根据该批复第 1 条规定不应由其受理的案件,当事人在仲裁裁决作出后以仲裁机构无权仲裁为由申请撤销或者不予执行仲裁裁决的,人民法院不予支持。

该批复对于上述各仲裁机构受理同一纠纷并作出裁决是否得予撤销或不予执行,没有作出相应规定。但目前已有司法案例明确,该批复第 3 条有一定的适用前提,即必须是人民法院并未受理当事人申请确认仲裁协议效力之诉并作出相关裁定。在人民法院对确认仲裁协议效力之诉已作出生效裁定的情况下,应按照生效裁定的结果办理。

(二)无权仲裁问题

在"申请人惠州兴鑫涂料化工有限公司(以下简称兴鑫公司)与被申请人韩国居民金源市申请撤销仲裁裁决纠纷案"[广州中院(2018)粤 01 民特 383 号民事裁定书(2018 年 10 月 17 日)]中,兴鑫公司主张的撤裁事由为:兴鑫公司与金源市之间形成的是事实劳动合同关系,不是商事关系,案涉仲裁条款无效,广州仲裁委对案涉纠纷无管辖权。经查明:广州仲裁委受理案件后,兴鑫公司向广州市中级人民法院提起申请确认仲裁协议效力之诉,该院裁定认为案涉《技术合作协议》对双方合作宗旨、权利义务、合作期限、利润分配、损失承担、研究开发成果及其相关知识产权权利归属、合同解除、竞业限制、违约责任等内容进行了明确约定,符合普通商事合同的一般规范,不能得出《技术合作协议》属于劳务合同的结论,《技术合作协议》中的仲裁条款合法有效。广州市中级人民法院认为:该院生效裁定已经认定案涉《技术合作协议》在形式上符合商事合同的特征,其中的仲裁条款合法有效,广州仲裁委有权受理金源市提起的仲裁申请;在兴鑫公司无足够相反证据足以推翻生效裁定认定事实的情况下,以相同事由申请撤销仲裁裁决,事实和法律依据不足,不予支持,裁定驳回其撤裁申请。

我国《仲裁法》第77条规定:“劳动争议和农业集体经济组织内部的农业承包合同纠纷的仲裁,另行规定。”根据我国《劳动争议调解仲裁法》第2条的规定,中国境内的用人单位与劳动者发生的劳动争议,适用该法,即诉讼前置的劳动仲裁程序。因此,实践中经常产生当事人之间争议是否为劳动争议的认定。该案例及相关联的仲裁条款效力确认案例,根据所涉合同的合作事项、利润分配及损失承担,认定具有商事合同的特征,体现了人民法院尊重当事人仲裁意愿、尽可能使仲裁条款效力得以确认的价值取向。

(三)仲裁协议范围的解释

在“申请人正成石油投资有限公司(以下简称正成公司)与被申请人阳光国际有限责任公司(以下简称阳光国际)、原仲裁第二被申请人吉利企业有限公司(以下简称吉利公司)申请撤销仲裁裁决案”[最高人民法院(2018)京04民特179号民事裁定书(2018年9月27日)]中,申请人正成公司主张,《合同主体变更三方协议》约定由中国石油集团解决争议,应视为对解决争议的机构无任何约定,且正成公司作为保证人没有参加主合同的签订,故其与阳光国际之间没有仲裁协议。经法院查明:阳光国际与正成公司签订合同,约定正成公司向阳光国际购买活动板房,争议提交中国石油集团相关单位处理。双方又签订补充协议,约定争议提交贸仲委依据其仲裁规则仲裁,并约定原合同与该合同不一致的地方,以该协议为准,原合同其他条款继续有效。其后,阳光国际、正成公司和吉利公司签订《合同主体变更三方协议》,约定吉利公司取代正成公司成为买方,正成公司提供连带保证责任,除本协议约定情形外,既有合同其他内容不变。法院认为,通过当事人签订的多份合同可知,正成公司与阳光国际签订的补充协议中约定了贸仲委作为买卖合同项下争议的解决机构,双方达成了合法有效的仲裁协议。其后签订的《合同主体变更三方协议》不仅没有对上述仲裁条款进行变更,也没有对争议解决条款作出其他约定,相反还明确"既有合同其他内容不变",因此,上述仲裁条款约束正成石油、阳光国际和吉利公司,故裁定驳回正成公司的撤裁申请。

在"申请人北京克运物流有限公司(以下简称克运公司)与被申请人泛化建设集团有限公司(以下简称泛化公司)申请撤销仲裁裁决案"[天津海事法院(2018)津72民特1号之一民事裁定书(2018年8月13日)]中,申请人认为,克运公司和泛化公司签订的安哥拉共和国罗安达社会住房项目《海运和货运代理合同》约定,相关争议交由贸仲委仲裁解决。上述合同履行期间,发生天津港"8·12"特大安全责任事故,克运公司和泛化公司为此签订了《社会住房项目关于损毁物资补偿事宜处理协议》(以下简称《处理协议》)。鉴于《海运和货运代理合同》中的仲裁条款不得适用于解决处理协议的纠纷,故请求撤销案涉仲裁裁决。法院认为,涉案裁决是依据《处理协议》对《海运和货运代理合同》项下纠纷作出裁决,而并非对《处理协议》纠纷作出裁决。《海运和货运代理合同》第9.2条约定,"在本合同履行过程中,如发生争议……任何一方可以在北京向中国国际经济贸易仲裁委员会申请仲裁",根据我国《仲裁法司法解释》第2条"当事人概括约定仲裁事项为合同争议的，基于合同成立、效力、变更、转让、履行、违约责任、解释、解除等产生的纠纷都可以认定为仲裁事项”的规定，《海运和货运代理合同》中的仲裁条款可以涵盖涉案仲裁的裁决事项。《处理协议》有无仲裁条款，并不影响《处理协议》在涉案仲裁程序中的证据效力，故裁定驳回申请人的撤裁申请。

在“申请人乐视控股(北京)有限公司(以下简称乐视公司)与被申请人上海奇成悦名投资合伙企业(有限合伙)、原仲裁被申请人贾某某申请撤销仲裁裁决案”[北京四中院(2018)京04民特439号民事裁定书(2018年12月25日)]中，申请人乐视公司主张的撤裁事由为：仲裁裁决裁令乐视公司承担连带保证责任，但乐视公司的保证责任系两份《承诺及保证函》项下约定的事项，而《承诺及保证函》并无仲裁条款，裁决超出了《可转债购买协议》中仲裁条款约定的仲裁范围，依法应予撤销。法院认为，《中国国际经济贸易仲裁委员会仲裁规则》(2015年修订版)第6条第4项规定，当事人对仲裁协议及(或)仲裁案件管辖权的异议，应当在仲裁庭首次开庭前书面提出。该案乐视公司并未在仲裁首次开庭前以书面的方式向仲裁庭提出仲裁协议或仲裁案件管辖权异议，而且在仲裁程序中参与了仲裁员的指定并就仲裁申请人的申请进行了实体答辩，应当认定其已经接受仲裁庭对该案的管辖。故乐视公司在仲裁裁决作出后提出仲裁当事人之间不存在仲裁协议的撤裁理由，不予支持。该案是债权人起诉保证人承担担保责任的案件，仲裁庭对担保合同的审查不能脱离对主合同履行情况的审查，仲裁庭根据《可转债购买协议》中仲裁条款的约定审理保证合同纠纷,不属于裁决事项超出仲裁协议约定的范围,故裁定驳回撤裁申请。

在"申请人华科实业发展有限公司(以下简称华科公司)与被申请人维尔京群岛恒丰房地产有限公司(以下简称恒丰公司)(Hang Fok Properties LTD.)申请撤销仲裁裁决案"[北京四中院(2016)京04民特47号民事裁定书(2018年9月4日)]中,申请人主张的撤裁事由为:法院生效裁定认定恒丰公司主体不适格,无权要求华科公司返还1.45亿元股权转让款及利息,案涉仲裁裁决却要求华科公司向恒丰公司返还1.45亿元股权转让款及利息,违反"一事不再理"原则。经法院查明:双方签订的《股权转让协议书》约定,华科公司向恒丰公司转让在世纪城市公司中持有的36%股权,股权转让款为2.1亿元;华科公司确认尚欠恒丰公司1.45亿元债务,与恒丰公司需付的等值股权转让款相冲抵,恒丰公司无须再付1.45亿元股权转让款。同日,华科公司及其关联公司骏达投资有限公司(以下简称骏达公司)、恒丰公司及其关联公司百利保国际有限公司(以下简称百利保公司)签订《补充协议》,约定由华科公司承担并负责骏达公司总计1.45亿元债务,直接支付至百利保公司指定账户;百利保公司指示华科公司将华科公司代替骏达公司支付的1.45亿元欠款支付给恒丰公司。华科公司仲裁请求解除《股权转让协议书》和《补充协议》,恒丰公司返还股权,贸仲委裁决予以支持,但认为对《补充协议》产生的四方之间的权利义务关系无管辖权。恒丰公司遂以欠款纠纷起诉至北京市高级人民法院,要求华科公司、骏达公司偿付债务1.45亿元。案经北京市高级人民法院、最高人民法院审理认为,恒丰公司主体不适格,裁定驳回起诉。恒丰公司向贸仲委申请仲裁,贸仲委裁决华丰公司向恒丰公司返还1.45亿元股权转让款及相应利息等。法院认为,案涉仲裁裁决华科公司向恒丰公司返还1.45亿元股权转让款及利息等,处理的均是因《股权转让协议书》发生的或与该协议有关的争议,裁决事项并未超出仲裁协议范围。从有利于彻底解决纠纷的角度,该案所涉仲裁裁决与最高人民法院生效裁判并不矛盾,对华科公司来说,实体上也不会产生双重还款责任问题,故对华科公司所称仲裁裁决否定了法院生效裁定的撤裁理由,该院不予采纳,裁定驳回撤裁申请。

仲裁管辖权的基础是仲裁协议,如仲裁裁决对不属于仲裁协议约定范围内的事项进行了裁决,则违背当事人真实意愿,从而欠缺正当依据。如何解释仲裁协议的范围,在实践中易发生争议。从上述案例来看,法院对于概括性仲裁事项的约定,对仲裁协议范围进行从宽解释。从主合同和补充协议的关系上来看,通常认为两者属于一个合同关系,仲裁条款对整个合同项下的争议均具有约束力,除非补充协议对争议解决条款另有约定。

(四)仲裁程序问题

1.变更仲裁请求未给予新的答辩期

在"申请人刘某某与被申请人冯某某、吴某某、程某某、广州市隆泰物业有限公司申请撤销仲裁裁决案"[广州中院(2018)粤01民特72号民事裁定书(2018年9月13日)]中,法院认为,冯某某提出的仲裁请求是解除其与吴某某、程某某签订的《广州市存量房买卖合同》,仲裁庭审过程中,冯某某拟变更该项仲裁请求为解除其与刘某某之间签订的《广州市存量房买卖合同》,刘某某当即提出异议,并表示需要举证期和答辩期。仲裁庭经合议未接受该变更,但最终裁决却解除冯某某与刘某某之间的《广州市存量房买卖合同》,客观上使刘某某未对是否解除其与冯某某签订的《广州市存量房买卖合同》进行答辩。仲裁庭未就变更的仲裁请求给予刘某某新的答辩期,违反了《广州仲裁委仲裁规则》第20条的规定,裁定撤销涉案仲裁裁决。

2. 延长仲裁期限问题

在"申请人A-one Products Bottlers Ltd.(以下简称A-one公司)与被申请人广州达意隆包装机械股份有限公司、香港华运实业有限公司申请撤销仲裁裁决案"[北京四中院(2018)京04民特4号民事裁定书(2018年4月8日)]中,申请人主张的撤裁事由为:贸仲委存在故意拖延裁判的行为,违反法定程序。经查明,2016年1月A-one公司向贸仲委提交仲裁申请;2016年6月贸仲委组成仲裁庭审理该案;2016年12月贸仲委仲裁院函告双方,因仲裁程序进行的需要,经仲裁庭申请,同意裁决作出期限延长至2017年6月8日。2017年5月贸仲委作出裁决。法院认为,《中国国际经济贸易仲裁委员会仲裁规则》(2015年版)第48条"(一)仲裁庭应当在组庭后6个月内作出裁决书。(二)经仲裁庭请求,仲裁委员会仲裁院院长认为确有正当理由和必要的,可以延长该期限"的规定,因申请人并未提供充分有效证据证实仲裁庭存在故意拖延裁判的事实,撤裁理由不能成立。裁定驳回撤裁申请。

在"申请人陕西华钼实业有限公司(以下简称华钼公司)与被申请人

ICDALLoys and Metals LLC. 申请撤销仲裁裁决案”[北京四中院(2018)京04民特363号民事裁定书(2018年11月20日)]中,申请人华钼公司主张,仲裁庭的两次延期决定及送达通知均是在超过审限的情况下作出的,仲裁程序违法。法院认为,申请人华钼公司虽在原定的审限到期后收到仲裁庭发出的关于延长裁决作出期限的决定,但未影响申请人华钼公司陈述意见等权利,其主张不能成立,裁定驳回其撤裁申请。

3. 关于证据问题

在“申请人陕西华钼实业有限公司与被申请人 ICD ALLoys and Metals LLC.(以下简称 ICD 公司)申请撤销仲裁裁决案”[北京四中院(2018)京04民特363号民事裁定书(2018年11月20日)]中,申请人主张的撤裁事由为:ICD 公司属于美国企业,其未按照我国《民事诉讼法》的规定办理经公证认证的委托手续,提交的所有域外证据也没有履行公证、认证手续且未提交相关的中文译本。法院认为,上述事由系案件的证据采信问题,不属于法律规定的撤销涉外仲裁裁决的事由,该院不予审查。

4. 关于鉴定问题

在“申请人吉林利源精制股份有限公司(以下简称利源公司)与被申请人德国摩比亚铝加工系统有限公司(HACO-MUBEASYSTEMEGMBH)申请撤销仲裁裁决案”[北京四中院(2018)京04民特448号民事裁定书(2018年12月5日)]中,利源公司主张的撤裁事由为:涉案设备是否具备五轴联动功能是该案纠纷的关键,而鉴定是否具备五轴联动功能最合理的办法就是“带载测试”,仲裁庭以双方未能达成“带载测试”一致意见,决定不进行"带载测试",违反了仲裁法的规定。法院认为,仲裁庭系因利源公司没有垫付鉴定费而未进行带载测试鉴定,最终采信了鉴定机构出具的非有载测试的鉴定意见书。对鉴定结论的采信与否,属仲裁庭对案件证据及事实认定行使自由裁量权的行为,且该行为并不违反我国《仲裁法》及贸仲委仲裁规则的相关规定,裁定驳回利源公司的撤裁申请。

5. 关于仲裁前置程序问题

在"申请人乐视公司与被申请人上海奇成悦名投资合伙企业(有限合伙)(以下简称上海奇成公司)、原仲裁被申请人贾某某申请撤销仲裁裁决案"[北京四中院(2018)京04民特439号民事裁定书(2018年12月25日)]中,申请人乐视公司主张的撤裁事由为:根据《可转债购买协议》第14.2条的约定,只有在双方进行协商30天内仍不能解决争议的情况下,一方才能提请仲裁。上海奇成公司提起仲裁时未满足协商期前置程序的要求,裁决应予撤销。法院认为,上海奇成公司是依据《转让协议》,从出让方QCLTD公司受让主协议、可转债、保证函及其他所有交易文件项下的所有权利,包括债权人要求债权实现的权利。QCLTD公司向原债务人、乐视公司和贾某某发出赎回通知的时间到上海奇成公司提起该案仲裁,已满足30天协商期的要求,故上海奇成公司已履行前置程序,裁定驳回撤裁申请。

涉外、涉我国港澳台地区裁决的仲裁程序合法性审查依据我国《民事诉讼法》第274条第1款第2项"被申请人没有得到指定仲裁员或者进行仲裁程序的通知,或者由于其他不属于被申请人负责的原因未能陈述意见的"以及第3项"仲裁庭的组成或者仲裁的程序与仲裁规则不符的"的规定开展。从上述案例来看:一是法院普遍认为,仲裁庭对证据包括鉴定结论的采信问题,属于实体问题,不是仲裁程序合法性的审查范畴;二是对于在审限之后送达延长裁决作出期限决定等较轻微的程序瑕疵,如没有对当事人的权利产生实质影响的,不认定构成撤裁情形;三是对于没有给予仲裁规则规定的答辩期间的,构成仲裁程序违反仲裁规则的应予撤裁情形。上述做法较好地保障了仲裁程序的制度价值,一方面,保证仲裁过程中双方当事人平等参与;另一方面,保障了仲裁有效率地进行,不因轻微瑕疵而撤销仲裁裁决。

(五)仲裁调解书的撤销

在"美国居民张某某与被申请人林某某、杨某某、广东恒生富通置业有限公司、南澳县恒生富通房地产开发有限公司申请撤销仲裁调解书案"[广州中院(2017)粤01民特1281号民事裁定书(2018年9月19日)]中,申请人以其从未签署授权委托文书请求撤销仲裁调解书。经法院查明:仲裁过程中景某作为4位被申请人代理人参加仲裁庭审并与林某某达成和解协议。仲裁庭根据该和解协议制作仲裁调解书,景某作为张某某代理人签收该调解书。仲裁卷宗中所附的该授权委托书并非原件,类似于照片打印件。法院认为,根据《广州仲裁委员会仲裁规则》第27条第3项的规定,当事人委托代理人进行仲裁活动的,应当提交载明代理事项和权限的授权委托书以及委托代理人的身份证明文件。授权委托书并无原件,张某某并在该案审查过程中否认其出具过上述授权委托书,仲裁庭在行为人景某未提供授权委托书原件的情况下，认定景某是张某某的代理人并以景某与对方当事人达成的和解协议为据出具仲裁调解书，违反了仲裁规则的上述规定，据此裁定撤销案涉调解书中与张某某有关的裁决项。

仲裁法没有对申请撤销仲裁调解书作出规定，最高人民法院研究室《关于人民法院应否受理当事人提起的申请撤销仲裁调解书之诉问题的研究意见》《司法研究与指导（2012 年第 2 期）》认为，我国《仲裁法》第 58 条的规定仅适用于当事人申请撤销仲裁裁决的情形，并不包括申请撤销仲裁调解书，因此，当事人提起申请撤销仲裁调解书之诉没有法律依据。但目前在司法实践中的主流做法是赋予当事人申请撤销仲裁调解书的权利。在最高人民法院《关于申请人南方国际租赁有限公司申请撤销深圳仲裁委员会（2007）深仲调字第 20－1 号补正调解书一案的请示的复函》［最高法院（2010）民四他字第 45 号复函（2010 年 7 月 27 日）］中，深圳仲裁委员会《补正调解书》存在仲裁程序与仲裁规则不符情形，依据我国《仲裁法》第 70 条的规定予以撤销。由于仲裁调解书与仲裁裁决具有同等效力，仲裁调解也存在违反法律规定或自愿原则的情形，故有必要赋予当事人申请撤销的救济权利。

（六）违反社会公共利益问题

在“申请人上海佳誉投资有限公司（以下简称佳誉公司）与被申请人上海鼎汇通股权投资管理有限公司（以下简称鼎汇通公司）等申请撤销仲裁裁决案”［上海一中院（2018）沪 01 民特 52 号民事裁定书（2018 年 2 月 13 日）］中，申请人主张撤销上海仲裁委裁决的事由为：鼎汇通公司等合谋将光大银行的贷款转由汤某个人出借给各合伙人并收取高额利息,破坏了国家金融管理秩序,违反了社会公共利益。鼎汇通公司的仲裁请求系关于确认除名决定有效及佳誉公司配合办理退伙登记,仲裁庭对除名决定的效力进行确认,不存在违背社会公共利益的情形。对该主张该院不予采纳,裁定驳回撤裁申请。

在“申请人哈尔滨市长城君悦文化传播有限公司与被申请人毛里求斯哈尔滨国际有限责任公司(以下简称哈尔滨国际公司)申请撤销仲裁裁决案”[北京四中院(2018)京04民特272号民事裁定书(2018年9月21日)]中,申请人主张,哈尔滨国际公司不具有在国内从事房地产经营活动的主体资格,其签署的《房屋租赁合同》无效,裁决违反社会公共利益。法院认为,社会公共利益是关系全体社会成员的利益,具有公共性和社会性,不同于合同当事人的利益。涉案《房屋租赁合同》系民事主体自愿订立的,其内容未违反法律和行政法规的强制性规定,该案处理结果仅影响合同当事人,不涉及社会公共利益,裁定驳回撤裁申请。

在“洛阳天力置业有限公司申请不予执行仲裁裁决请示案”[最高人民法院(2018)最高法民他305号复函]中,最高人民法院复函认为,社会公共利益主要是指社会或者某一领域的共同利益,涉案仲裁裁决确定的违约金是否过高,仅影响仲裁当事人之间的权利义务,不能据此认为该裁决违背社会公共利益。

在“美国居民苏某某与被申请人姚某某、陈某某、佛山市南海宝承视听家具有限公司申请撤销仲裁裁决纠纷案”[佛山中院(2018)粤06民特201

号民事裁定书(2018年7月26日)]中,申请人主张撤销佛山仲裁委裁决的理由为:该案涉及逃税,当事人在境外支付外汇的行为,亦违反我国外汇管理的规定,由此作出的仲裁裁决损害国家利益。法院认为,苏某某提供的汇款通知书仅反映域外主体向域外银行汇款的事实。案涉裁决处理的是有关股权收购的合同纠纷,处理结果是在认定股权收购协议部分条款因违反法律规定而无效的前提下作出的,即裁决结果已排除了因损害国家利益而无效的合同条款,故裁决结果不存在违背社会公共利益的情形,裁定驳回撤裁申请。

从上述案例来看,人民法院对社会公共利益的界定十分严格,认为社会公共利益是指关系全体社会成员、具有公共性和社会性的利益,不同于合同当事人的利益。

结　语

中国坚持对外开放的基本国策,坚持打开国门搞建设,积极促进“一带一路”国际合作。中国支持多边贸易体制,促进自由贸易区建设,推动建设开放型世界经济。中国倡导的国际发展合作充满道义的力量,彰显了强大的感召力和吸引力。

中国提出“一带一路”倡议后,160多个国家和国际组织同中国签署合作文件。2019年4月举行的第二届“一带一路”国际合作高峰论坛,150个国家、92个国际组织的6000余名外宾参加,达成283项成果。世界银行近日发表的报告指出,“一带一路”倡议全面实施可使3200万人摆脱日均生活费低于3.2美元的中度贫困状态,使全球贸易增加6.2%,沿线经济体贸易增加9.7%,全球收入增加2.9%。

2019年是中华人民共和国成立70周年,贸仲委见证并践行着中国仲裁与国际仲裁的融合发展。贸仲委始终坚持独立公正的仲裁服务宗旨,致力于促进国际国内商事仲裁发展,不断增强中国仲裁的国际影响力和竞争力,努力提升仲裁公信力,为中外当事人提供公正高效的仲裁法律服务,引领和推动中国国际商事仲裁的发展。

回顾2018~2019年,中国国际商事仲裁的发展主要体现在以下五个方面。

第一,国际商事仲裁法制环境日益优化,仲裁法制政策更加宽松,仲裁法律服务取得突出成效。2018年是我国"一带一路"倡议践行5周年,中央办公厅、国务院办公厅印发了中央深改组审议通过的《关于建立"一带一路"国际商事争端解决机制和机构的意见》,部署设立国际商事法庭、组建国际商事专家委员会、建设"一站式"国际商事纠纷解决平台三大任务,对于保障"一带一路"建设顺利实施意义重大,也为中国商事仲裁国际化创造了发展机遇。2018年中央办公厅、国务院办公厅印发了《关于完善仲裁制度提高仲裁公信力的若干意见》,该意见为中国国际商事仲裁的有序发展和立法修改提供了坚实基础。2018年最高人民法院继续积极支持仲裁事业发展,进一步规范仲裁协议效力的认定、仲裁保全、裁决撤销和不予执行的审查程序和制度安排,努力营造支持仲裁的司法环境,保障和促进仲裁国际国内公信力的提升。2018年全国仲裁机构受案量继续保持高速增长,涉外仲裁案件的数量也稳步上升,实现了受案总标的额的明显增长,仅贸仲委受理仲裁案件涉案标的额就首次突破了千亿元人民币大关。

第二,首次分析中国涉"一带一路"沿线国家或地区商事争议仲裁案件的特点,总结当事人处理涉外商事争议案件的经验,并提出风险防范的建议。"一带一路"倡议的实施已经进入第6个年头,随着"一带一路"倡议的不断推进,中国进一步开放市场,积极与国际接轨的姿态也显著延伸到了争议解决方面。"一带一路"倡议涉及的项目规模庞大、涉及的交易种类多样,在面对如此大规模、多层次的国际商事活动之时,多元化纠纷解决的重要方式之一——仲裁成为多数国际商事主体的首选。在此背景下,我国也积极开拓、支持多元化纠纷解决机制,以此为"一带一路"倡议保驾护航。贸仲委作为知名国际商事仲裁机构,在管理涉"一带一路"沿线国家或地区商事主体的争议上,拥有丰富的实践经验。2013 年 1 月到 2019 年 6 月,贸仲委共受理 557 件涉"一带一路"国家或地区仲裁案件,争议金额共计人民币 243.57 亿元。中国当事人在参与"一带一路"建设的过程中,应重视争议解决机制的预先设计,重视仲裁条款的拟定,重视仲裁地的提前约定。近年来,中国对仲裁的态度愈加友好,司法支持仲裁的立场日益明显,与仲裁相关的法律体系日益健全,中国已经受到越来越多涉外商事主体的青睐,成为国际商事仲裁地的热门选择之一。

第三,以近几年业务发展最迅猛、市场交易规模巨大、涉及法律问题相对复杂多样以及违约纠纷频发的资产管理业务为视角,特别观察金融纠纷案件处理的最新发展、问题和挑战。从我国资产管理业务的发展历程来看,资产管理业务在一定程度上突破了分业经营、分业监管的制度限制,并在相当程度上满足了金额上不断增加和形式上不断变化的融资需求。但资产管理业务在迅速发展的过程中,也出现了刚性兑付、监管套利盛行、资金成本高企、管理机构不尽职等诸多的问题。市场调查显示,仲裁在国际商事领域正被越来越多的金融机构所使用。从中国境内金融仲裁实践来看,尽管诉讼在各类争议解决领域中呈现压倒性优势,但是金融投资争议解决领域则有所不同,诉讼在解决金融投资纠纷方面并没有当然的优势。

相反，仲裁在金融争议处理中通常被认为更具效率性、保密性和专业性。从某种意义上来讲，对于发展迅速的金融市场来说，法院缺乏足够数量的具有专业知识背景的法官来裁决创新或复杂的金融业务纠纷，然而仲裁机构可以灵活地使用市场上的专业人士，因此仲裁机构，特别是市场上主要的仲裁机构，通常有能力提供一个良好的、符合市场预期的裁决。近年来，贸仲委通过仲裁妥善解决了许多创新复杂的金融业务纠纷，为金融市场的发展提供了宝贵的支持。

第四，全面介绍《新加坡调解公约》的基本内容，着重分析该公约项下的调解与仲裁程序中调解的关系，加入该公约对中国现行立法的影响，并提出中国加入该公约后开展调解工作需要注意的问题。该公约仅适用于解决国际商事争议的调解所产生的和解协议，该公约确定适用直接执行机制，明确可在非执行程序中援用和解协议，规定了主管机关依据当事人申请而拒绝救济的理由和主管机关可以依职权审查并拒绝救济的理由。“仲调结合”的方式在国际上被誉为“东方经验”，与单独的调解具有根本区别。“仲调结合”中的调解范围比该公约中的调解范围广，但在“仲调结合”下经过调解而达成的和解协议无法适用该公约。由于我国商事调解立法体系尚未建立，对调解的规定散见于我国《人民调解法》《民事诉讼法》《仲裁法》等法律中，因此，加入该公约需要我国对现行司法制度作适当调整，使其与该公约有效衔接，以实现该公约框架下的和解协议在我国的顺利执行。中国已有的商事调解中心在进行调解的过程中，需要格外注意调解员的披露义务以及可能构成利益冲突的情形，以免和解协议无法执行。

第五,我国法院审慎进行仲裁司法审查,体现并贯穿"支持仲裁"的司法理念,倾向仲裁条款有效的解释方向,积极承认、认可和执行涉外、涉我国港澳台地区仲裁裁决。从涉外、涉我国港澳台地区仲裁条款的效力认定来看,主要涉及仲裁协议的准据法、涉外因素的认定及约定境外仲裁的条款效力、以侵权为由起诉时的仲裁条款效力的判定、涉代理行为的仲裁条款效力、提单并入租约仲裁条款、概括性仲裁条款的解释、对仲裁条款中约定仲裁机构的解释等,在实践中还出现了请求确认仲裁协议不成立之诉、仲裁事项的确定、提出仲裁协议的主管异议期间等新问题,法院就此所提出的新的审查标准值得关注。从外国及我国港澳台地区仲裁裁决的承认和执行情况来看,近年来申请承认和执行外国仲裁裁决案件的管辖权异议纠纷有上升趋势,其中不乏当事人利用管辖权异议拖延程序的情形。各法院围绕被申请人的抗辩事由进行审查,凡被申请人未提出《纽约公约》第5条第1款不予承认和执行情形的,人民法院不予审查。在仲裁程序方面主要审查是否违反当事人的约定以及当事人同意适用的仲裁规则。继续把握严格界定公共政策的原则,值得关注的是,近年来出现了仲裁条款效力确认的国际平行程序,法院从维护司法主权及生效裁定既判力的角度,可通过公共政策条款拒绝承认和执行外国仲裁裁决。

习近平主席在第二届"一带一路"国际合作高峰论坛记者会上的讲话指出,这次高峰论坛的主题是"共建'一带一路'、开创美好未来"。圆桌峰会上,与会领导人和国际组织负责人围绕"推进互联互通,挖掘增长新动力""加强政策对接,打造更紧密伙伴关系""推动绿色和可持续发展,落实联合国2030年议程”等议题进行深入讨论，完善了合作理念，明确了合作重点，强化了合作机制，就高质量共建“一带一路”达成了广泛共识。这些共识反映在圆桌峰会一致通过的联合公报中，将成为今后共建“一带一路”国际合作的行动指南。

2019年中央办公厅、国务院办公厅印发了《关于加快推进公共法律服务体系建设的意见》，明确要求积极为国家重大经贸活动和全方位对外开放提供法律服务，整合仲裁优势资源，打造国际知名仲裁机构，促进和支持仲裁机构参与国际商事争端解决。充分发挥司法协助渠道作用，切实加强国际执法司法合作。推动建立国际商事调解组织。建立健全法律查明机制，通过建立国别法律信息数据库以及专家库等形式提供域外法律查明服务。这为中国国际商事仲裁事业指明了发展方向，也为此提供了配套制度和保障服务。

以贸仲委为代表的中国仲裁机构将不断总结仲裁实践经验，推动仲裁制度进一步完善，继续发挥在商事仲裁和调解等方面的优势，积极配合最高人民法院国际商事法庭建设工作，参与构建调解、仲裁、诉讼有机衔接“一站式”纠纷解决平台，推动完善多元化纠纷解决机制。学习借鉴国际仲裁先进理念，结合中国仲裁实践，广泛开展仲裁理论研究，增强仲裁文化自信，不断提高我国仲裁的国际化和现代化水平。

图书在版编目(CIP)数据

中国国际商事仲裁年度报告. 2018－2019 / 中国国际经济贸易仲裁委员会主编. -- 北京 :法律出版社, 2019
ISBN 978－7－5197－3813－6

Ⅰ. ①中… Ⅱ. ①中… Ⅲ. ①国际商事仲裁－研究报告－中国－2018－2019 Ⅳ. ①D997.4

中国版本图书馆 CIP 数据核字(2019)第 202568 号

中国国际商事仲裁年度报告(2018～2019)
ZHONGGUO GUOJI SHANGSHI ZHONGCAI NIANDU BAOGAO (2018～2019)

中国国际经济贸易仲裁委员会 主编

策划编辑 沈小英
责任编辑 沈小英 毛镜澄
装帧设计 李 瞻

出版 法律出版社
总发行 中国法律图书有限公司
经销 新华书店
印刷 北京虎彩文化传播有限公司
责任校对 王晓萍
责任印制 吕亚莉

编辑统筹 法治与经济出版分社
开本 710 毫米×1000 毫米 1/16
印张 12.25
字数 151 千
版本 2019 年 10 月第 1 版
印次 2019 年 10 月第 1 次印刷

法律出版社/北京市丰台区莲花池西里 7 号(100073)
网址/www.lawpress.com.cn
投稿邮箱/info@lawpress.com.cn
举报维权邮箱/jbwq@lawpress.com.cn
销售热线/400－660－8393
咨询电话/010－63939796

中国法律图书有限公司/北京市丰台区莲花池西里 7 号(100073)
全国各地中法图分、子公司销售电话:
统一销售客服/400－660－8393/6393
第一法律书店/010－83938432/8433
西安分公司/029－85330678
重庆分公司/023－67453036
上海分公司/021－62071639/1636
深圳分公司/0755－83072995

书号:ISBN 978－7－5197－3813－6
定价:60.00 元